La dépression
Guide
d'information

ÉDITION RÉVISÉE

Christina Bartha, M.S.S., T.S.A.
Carol Parker, M.S.S., T.S.A.
Cathy Thomson, M.S.S., T.S.A.
Kate Kitchen, M.S.S., T.S.A.

camh
Centre de toxicomanie et de santé mentale

Catalogage avant publication de Bibliothèque et Archives Canada
Bartha, Christina
[Depression. Français]

   La dépression : guide d'information / Christina Bartha, M.S.S., T.S.A., Carol
Parker, M.S.S., T.S.A., Cathy Thomson, M.S.S., T.S.A., Kate Kitchen, M.S.S., T.S.A.
-- Édition révisée.

Traduction de : Depression.
Comprend des références bibliographiques.
Publié en formats imprimé(s) et électronique(s).
ISBN 978-1-77052-575-7.--ISBN 978-1-77052-576-4 (pdf).--
ISBN 978-1-77052-577-1 (html).--ISBN 978-1-77052-578-8 (epub)

   1. Dépression--Ouvrages de vulgarisation. I. Parker, Carol, auteur II. Thomson,
Cathy, auteur III. Kitchen, Kate, auteur IV. Centre de toxicomanie et de santé mentale, organisme de publication V. Titre. VI. Titre : Depression. Français.

RC537.B3714 2014   616.85'27   C2014-907924-9
                                         C2014-907925-7

ISBN : 978-1-77114-210-6 (Kindle)
Imprimé au Canada
Copyright © 1999, 2008, 2013 Centre de toxicomanie et de santé mentale

Il se peut que cette publication soit disponible dans des supports de substitution.
Pour tout renseignement sur les supports de substitution, sur d'autres publications de CAMH ou pour passer une commande, veuillez vous adresser à Ventes et
distribution :

Sans frais : 1 800 661-1111
À Toronto : 416 595-6059
Courriel : publications@camh.ca
Cyberboutique : http://store.camh.ca
Site Web : www.camh.ca/fr

Available in English under the title: *Depression: An information guide*

Ce guide a été édité par le Service des publicatons du Centre de toxicomanie et de santé
mentale (CAMH).

3973e / 12-2014 / PM104

*Remarque : Dans cette publication, l'emploi du masculin pour désigner des personnes n'a
d'autre fin que celle d'alléger le texte.*

Table des matières

Remerciements

Les auteurs tiennent à remercier le Dr Sid Kennedy et le Dr Joel Raskin, qui ont révisé la partie sur les médicaments de la première édition, pour leurs précieux commentaires. Nous aimerions en outre exprimer notre gratitude à Tom et Meg – qui ont révisé le texte du point de vue des patients/clients et des familles – pour leur aide inestimable et leur gentillesse.

La présente édition a été révisée par Frances Abela-Dimech, BSI, MSI, CPMHN(C) et Claudia Tindall, M.S.S., TSA.

Introduction

Le présent guide a été rédigé à l'intention des personnes atteintes de dépression, des familles affectées et de toutes les personnes désireuses d'acquérir des connaissances de base sur la maladie, son traitement et la façon de la gérer. Ce guide n'est pas destiné à remplacer les médecins ou les prestataires de soins de santé mentale, mais il peut servir à susciter des questions sur la dépression et à engager le dialogue. Il aborde de nombreux aspects de la dépression et il répond aux questions couramment posées. En ce qui concerne le traitement de la dépression, étant donné l'influx constant de nouveaux médicaments, il se peut que certains médicaments offerts dans le commerce n'aient pas été sur le marché au moment de la publication du présent guide.

1 Qu'est-ce que la dépression ?

« *La dépression est un châtiment cruel. Elle ne s'accompagne ni de fièvre, ni d'éruption, et n'est pas détectable à l'analyse sanguine. Elle ne s'accompagne que de l'érosion du moi, tout aussi insidieuse qu'un cancer. De plus, comme pour le cancer, il s'agit d'une expérience solitaire. Une chambre en enfer avec votre seul nom inscrit sur la porte. Je me rends compte que, à certains moments, tout le monde se retrouve dans une telle chambre. Mais cette prise de conscience ne m'apporte pas un grand réconfort maintenant.* »

Martha Manning, auteure et thérapeute
ayant vécu une dépression majeure
tiré de *Undercurrents* (1994)

Les gens ont souvent du mal à imaginer la souffrance et le sentiment d'isolement qui accompagnent le trouble psychiatrique qu'est la dépression. Le terme de dépression s'emploie tant pour parler d'un sentiment d'abattement et de désespoir que pour désigner un trouble mental. Tout le monde peut éprouver de la morosité, du découragement ou de la tristesse. Cela se produit souvent à la suite d'une déception, de la perte d'un être cher ou d'un autre événement traumatisant. Il s'agit d'une réaction normale et ce vague à l'âme disparaît généralement assez rapidement. Cependant, il arrive que la déprime persiste et se transforme en un trouble de santé mentale plus grave, communément appelé dépression clinique ou majeure.

Qu'est-ce que la dépression majeure ?

La dépression est bien plus grave que la simple déprime, et la dépression majeure (aussi appelée dépression clinique) est un **trouble de l'humeur**, un état d'accablement ou de tristesse anormal qu'une personne est incapable de chasser par elle-même. Le principal symptôme de la dépression majeure est un sentiment d'abattement et de désespoir qui persiste plus de deux semaines et qui affecte le rendement professionnel ou les résultats scolaires ainsi que les relations sociales. Cet état de morosité profonde peut être déroutant, car la dépression se manifeste à la fois par des symptômes comportementaux (ralentissement des gestes et de la parole) et des symptômes émotifs ou cognitifs (sentiment de désespoir, idées noires). Ces symptômes sont très différents des symptômes physiques associés à d'autres affections : douleur provenant d'une jambe cassée ou fièvre accompagnant une infection grave, par exemple.

La dépression est plus répandue chez les femmes, mais au Canada, l'écart entre les sexes diminue avec l'âge. Par ailleurs, c'est chez les personnes de 15 à 45 ans que la dépression est la plus répandue.

COMMENT DIAGNOSTIQUE-T-ON LA DÉPRESSION ?

Afin de poser un diagnostic, le médecin demande au patient s'il éprouve les symptômes suivants :

• changements sur le plan de l'appétit et du poids ;

• troubles du sommeil (sommeil excessif ou manque de sommeil) ;
• perte d'intérêt pour le travail, les loisirs et les contacts humains, et indifférence à l'endroit de la famille et des amis ;
• impression d'être inutile, désespoir, culpabilité excessive ;
• fixation sur ses échecs, impression de ne pas être à la hauteur et perte d'estime de soi, pensées obsédantes, difficiles à chasser ;
• agitation ou manque d'énergie, difficulté à « rester en place » ou épuisement empêchant de faire quoi que ce soit ;
• ralentissement de la pensée, distraction, manque de concentration et difficulté à prendre des décisions ;
• perte de libido ;
• tendance à pleurer facilement ou à avoir envie de pleurer sans y arriver ;
• pensées suicidaires (ou parfois, pulsions homicides) ;
• perte de contact avec la réalité, **hallucinations** auditives (fait d'entendre des voix) ou idées délirantes. (Ces derniers symptômes sont plus rares.)

La sévérité des troubles dépressifs est variable. Une personne qui, pendant deux semaines ou plus, a connu moins de cinq symptômes de dépression majeure recevra un diagnostic de dépression mineure. Lorsqu'une personne a connu cinq de ces symptômes ou plus pendant un minimum de deux semaines, le médecin diagnostiquera un « épisode de dépression majeure ». Bien des personnes dépressives attendent des semaines ou des mois, voire des années avant de consulter un médecin ou un prestataire de soins de santé mentale. Il n'est pas rare que les personnes qui sombrent dans la dépression tentent de s'en sortir seules, jusqu'à ce que leur souffrance devienne intolérable. Les personnes aux prises avec la dépression ont aussi tendance à être beaucoup plus sensibles aux commentaires à leur égard, et leurs proches et amis qui tentent de leur remonter le moral ou de leur venir en aide leur apportent peu de réconfort.

La durée d'un épisode dépressif est fonction de la capacité et de la volonté d'une personne à se faire traiter. Lorsqu'ils sont traités, les épisodes dépressifs peuvent être limités à une période de deux à six semaines, alors que sans traitement, ils peuvent durer de six à dix-huit mois ou même davantage. La durée moyenne d'un épisode dépressif non traité est de cinq mois.

LA DÉPRESSION ET LE TROUBLE BIPOLAIRE

La dépression est également présente dans le **trouble bipolaire** (anciennement appelé maladie maniaco-dépressive). Le trouble bipolaire est un trouble de l'humeur caractérisé par l'alternance d'épisodes de dépression et de **manie**. Durant les épisodes de manie, les gens ont généralement une perception exagérée de leur propre importance ou de leur pouvoir, ce qui peut les amener à s'engager dans des activités risquées (p. ex., mauvais investissements, folie des dépenses, comportement sexuel inapproprié). Les gens ont aussi moins besoin de sommeil, ils parlent très rapidement et leurs pensées se bousculent, sans qu'ils se rendent compte que leur comportement est inhabituel. Les épisodes de manie sont habituellement précédés d'une phase d'**hypomanie**, où les symptômes de la manie (p. ex., troubles du sommeil, sentiment d'excitation, etc.) sont moins marqués et durant laquelle les personnes savent qu'elles se dirigent vers un épisode de manie. Elles ont donc la possibilité de consulter un médecin, ce qui pourrait leur éviter de connaître un véritable épisode de manie.

Bien que la dépression majeure et le trouble bipolaire engendrent des symptômes semblables, il s'agit de troubles distincts qui nécessitent des traitements différents. C'est pourquoi il importe que les patients, familles et prestataires de soins soient à l'affût des signes indiquant la présence de manie ou d'hypomanie chez les personnes dépressives. Parmi les autres signes précurseurs de la présence d'un trouble bipolaire, citons :

• la dépression qui se déclare durant l'adolescence ;
• certains types de dépression (**dépression atypique, trouble affectif saisonnier, dépression postnatale** et peut-être dépression psychotique), dont les symptômes peuvent parfois se manifester dans le contexte du trouble bipolaire. Ces sous-types sont décrits ci-dessous.

Les différents types de dépression

Il existe plusieurs sous-types de dépression majeure, associés à des groupes de symptômes légèrement différents. Il est important que le diagnostic soit précis, car certains traitements sont mieux adaptés que d'autres selon le type de dépression.

LA DÉPRESSION TYPIQUE ET LA DÉPRESSION ATYPIQUE

En plus d'éprouver les symptômes courants de la dépression majeure, les personnes ayant des symptômes typiques ont tendance à avoir des troubles du sommeil (difficulté à s'endormir, sommeil écourté ou réveils fréquents durant la nuit), à avoir moins d'appétit et donc à perdre du poids.

Les personnes ayant des **symptômes atypiques** éprouvent elles aussi les symptômes courants de la dépression majeure, mais certains de leurs symptômes sont inversés : elles ont plutôt tendance à dormir et manger *excessivement*, et donc à prendre du poids. De plus :

• les symptômes de l'**anxiété** sont souvent présents ;

- c'est le soir, plutôt que le matin, qui représente la partie de la journée la plus difficile à vivre ;
- les personnes atteintes éprouvent une grande lourdeur dans les bras et les jambes ;
- ces personnes ont tendance à être hypersensibles à toute forme de rejet (même quand elles ne sont pas dépressives).

Alors que les personnes présentant des symptômes typiques ne réagissent généralement pas beaucoup, la dépression atypique se caractérise par une « humeur réactive », ce qui signifie que les personnes atteintes de dépression atypique sont capables de réagir positivement à des événements agréables, comme la visite d'un membre de leur famille, mais qu'elles retombent vite dans la dépression lorsque la source de ce plaisir disparaît. Ces sautes d'humeur peuvent être très difficiles à vivre, tant pour les personnes concernées que pour les familles.

C'est chez les adolescents et les jeunes au début de l'âge adulte que la dépression atypique est la plus répandue.

LE TROUBLE AFFECTIF SAISONNIER (DÉPRESSION SAISONNIÈRE)

Le **trouble affectif saisonnier** (TAS) est un type de dépression lié au temps qu'il fait et à la période de l'année. Les symptômes se manifestent habituellement durant l'automne et l'hiver, les personnes touchées se sentant mieux au printemps et en été. Les personnes atteintes de TAS présentent généralement plusieurs symptômes, notamment un état d'abattement qui dure plusieurs mois, un besoin accru de sommeil et un accroissement de l'appétit, avec des envies irrésistibles d'hydrates de carbone, ce qui entraîne une prise de poids. Le TAS est quatre fois plus répandu chez les femmes que chez les hommes.

Le TAS est plus courant dans les régions nordiques, où les heures d'ensoleillement diminuent considérablement en hiver. Bien qu'il ne soit pas rare de connaître des changements d'humeur durant les périodes de faible ensoleillement, les personnes souffrant de TAS ressentent des symptômes beaucoup plus prononcés, qui nuisent à leur travail et à leurs relations sociales. Notons cependant que les symptômes du TAS sont habituellement moins sévères que ceux de la dépression.

LA DÉPRESSION POSTNATALE

La **dépression postnatale** (ou dépression du post-partum) est liée à un événement précis : la naissance d'un enfant. Son apparition peut résulter de déséquilibres biochimiques et hormonaux, de problèmes émotifs et de circonstances sociales. Ce type de dépression, qui affecte plus de 10 % des accouchées et dont les symptômes s'apparentent aux principaux symptômes de la dépression clinique, persiste pendant quatre semaines ou plus et perturbe le fonctionnement socio-affectif. La dépression postnatale diffère du « baby blues », plus fréquent et moins prononcé, que ressentent bon nombre de femmes à la suite d'un accouchement.

Les femmes ayant vécu des épisodes de dépression avant la grossesse sont plus vulnérables à la dépression postnatale. Les problèmes d'ordre affectif – grossesse non désirée, absence de soutien du père et du reste de la famille – influent aussi sur le déclenchement de la dépression. Combinés aux responsabilités associées à la venue d'un nouveau-né, les symptômes de la dépression peuvent avoir d'énormes répercussions sur le plan social. En effet, il est courant que famille et amis se demandent comment la jeune mère peut ne pas se réjouir de cet heureux événement. Cela peut conduire la nouvelle maman à se sentir encore plus isolée et la dissuader de demander de l'aide.

LA DÉPRESSION PSYCHOTIQUE

Il arrive que la dépression s'aggrave à tel point que la personne affectée perd contact avec la réalité et sombre dans la psychose. La psychose s'accompagne d'**hallucinations** (fait d'entendre des voix ou de voir des personnes ou des choses qui n'ont pas de réalité) ou de **délire** (idées sans fondement objectif), le délire pouvant être de nature paranoïaque (la personne s'imagine qu'on complote contre elle). Hallucinations et délire peuvent être associés à des pensées très critiques ou négatives, ce qui a pour effet d'aggraver l'état dépressif. Lorsqu'une personne dépressive éprouve également des symptômes psychotiques, elle doit être traitée à la fois par des **antidépresseurs** et des **antipsychotiques**.

LA DYSTHYMIE

La **dysthymie**, ou trouble dysthymique, est un état dépressif chronique caractérisé par de légers symptômes de dépression : manque ou excès d'appétit ou de sommeil, baisse d'énergie et fatigue, piètre estime de soi, manque de concentration, difficulté à prendre des décisions et sentiment de désespoir. Si au moins deux de ces symptômes sont présents pendant deux ans ou plus et que la personne ne connaisse pas d'épisode de dépression majeure durant cette période, un diagnostic de dysthymie peut alors être posé. Bien que la dysthymie ne soit pas aussi sévère que la dépression majeure, elle peut avoir des répercussions sur la vie professionnelle, les études et les relations avec les proches. Lorsqu'une personne qui souffre de dysthymie connaît un épisode de dépression majeure, on parle de « double dépression ».

La dépression et les troubles de la personnalité

Il arrive que des personnes dépressives reçoivent, de leur médecin ou psychologue, un diagnostic de **trouble de la personnalité**. Qu'est-ce que cela signifie et comment ce trouble interagit-il avec la dépression ? La personnalité est la manière d'être d'une personne : sa façon de penser, son vécu, son comportement et ses relations avec autrui. Les traits de personnalité sont les tendances propres à chacun : façon habituelle de penser et de ressentir les émotions, comportements usuels et style de rapport à autrui.

Le diagnostic de trouble de la personnalité porte sur les traits de personnalité. Il indique que la façon de penser de la personne, son vécu, son comportement et le style de relations qu'elle entretient avec autrui s'écartent considérablement des habitudes culturelles du milieu. En outre, ces traits de personnalité conduisent la personne à avoir une piètre opinion d'elle-même et nuisent à son travail et à sa vie privée.

Lorsqu'on diagnostique un trouble de la personnalité chez quelqu'un, on détermine de quel genre de trouble il s'agit. À titre d'exemple, une personne recevant un diagnostic de personnalité paranoïaque a du mal à faire confiance à autrui dans la plupart des aspects de sa vie, même en l'absence de tout fondement à ses soupçons. Cette méfiance profonde complique le traitement de la dépression, car elle empêche la personne de nouer des liens avec des personnes qui pourraient lui offrir le soutien dont elle a besoin (médecin ou prestataire de soins de santé mentale, par exemple).

Beaucoup de gens possèdent certains de ces traits de caractère sans que ceux-ci ne perturbent leur vie outre mesure. Si par exemple, une personne est de nature méfiante, mais qu'elle puisse arriver

à avoir foi en la bienveillance d'un ou deux amis ou membres de
sa famille, on considérera qu'il s'agit d'un simple trait de caractère, qui ne l'empêchera pas d'avoir une vie satisfaisante. On
ne diagnostiquerait pas un trouble de la personnalité chez cette
personne.

Parmi les troubles de la personnalité, on peut également citer le
trouble de la personnalité schizoïde (la personne a beaucoup de
mal à nouer des relations affectives), le trouble de la personnalité
limite (la personne fait preuve d'instabilité dans ses relations inter-
personnelles et son comportement est impulsif et parfois autodes-
tructeur) ; le trouble de la personnalité obsessionnelle-compulsive
(la personne est perfectionniste et se concentre sur les moindres
détails sans tenir compte de ce que pensent les gens autour d'elle).
(Notons que le trouble de la personnalité obsessionnelle-compulsive est à distinguer du trouble obsessionnel-compulsif, un trouble
d'anxiété caractérisé par des pensées récurrentes et perturbatrices
et des comportements répétitifs visant à soulager l'anxiété qu'elles
provoquent.)

Bien que les troubles de la personnalité se manifestent différem-
ment chez chaque personne touchée, ils ont tous pour effet de per-
turber le rapport à soi-même et les rapports à autrui. Les personnes
dépressives qui présentent un trouble de la personnalité n'ont pas
seulement besoin de se sentir mieux : il leur faut aussi apprendre à
changer leur rapport au monde. Pour les traiter, on allie souvent la
pharmacothérapie à la **psychothérapie**.

2 Les causes de la dépression

Il n'existe pas d'explication simple des causes de la dépression, car plusieurs facteurs peuvent entrer en jeu dans l'apparition de cette maladie : facteurs génétiques ou antécédents familiaux de dépression, vulnérabilité psychique, facteurs biologiques, événements de la vie et facteurs de stress liés au milieu de vie, par exemple. Ce n'est pas parce que le médecin a prescrit un antidépresseur que la dépression est d'origine purement physiologique. C'est tout simplement qu'il est souvent possible de traiter efficacement la dépression en se concentrant sur un aspect : la biochimie du cerveau, par exemple. En outre, le type de traitement recommandé dépend souvent de la sévérité de la dépression. Dans les cas de dépression majeure, il est difficile d'entreprendre un « dialogue psychothérapeutique ». Par conséquent, la pharmacothérapie sera la première étape du traitement et la psychothérapie suivra. Une fois que la personne se sentira mieux, il lui sera plus facile d'accepter de parler des problèmes ayant contribué à sa dépression.

Tout le monde présente un certain nombre de facteurs de risque ou de vulnérabilité et plus une personne en présente, plus elle éprouve de stress et plus elle risque de connaître un épisode de dépression. C'est ce qu'on appelle le « modèle de vulnérabilité au stress ».

Le modèle de vulnérabilité au stress : facteurs de risque de la dépression

FACTEURS GÉNÉTIQUES ET ANTÉCÉDENTS FAMILIAUX

L'existence d'antécédents familiaux de dépression ne signifie pas nécessairement qu'on souffrira de dépression majeure. Cependant, les personnes ayant de tels antécédents présentent un risque légèrement plus élevé de faire une dépression à un moment de leur vie. Plusieurs théories ont été avancées pour expliquer ce phénomène.

Les résultats des recherches en génétique donnent à penser que la dépression pourrait être héréditaire. Des études portant sur des jumeaux élevés séparément ont montré que si l'un d'eux souffrait de dépression, l'autre avait entre 40 et 50 % de chances d'être également affecté. Bien que cette proportion soit limitée, elle permet de supposer que certaines personnes pourraient avoir une prédisposition génétique à la dépression.

Quoi qu'il en soit, il est peu probable qu'une prédisposition génétique entraîne une dépression à elle seule. D'autres facteurs déclencheurs – traumatismes remontant à l'enfance ou événements de la vie adulte – doivent intervenir. Une dépression peut aussi résulter de ce qu'une personne a appris durant son enfance. Certains enfants constatent que les symptômes de dépression de leurs parents constituent une réaction à certains problèmes. Devenus adultes, ils auront recours à ce moyen pour affronter les facteurs de stress dans leur vie. Les enfants qui ont grandi avec un parent souffrant de dépression ont un risque supplémentaire de 10 % de développer cette maladie. Dans le cas où les deux parents ont souffert de dépression, le risque supplémentaire est de 30 %. *Il est néanmoins important de souligner que ces chiffres sont moins élevés que pour d'autres maladies héréditaires.*

Les personnes ayant des antécédents familiaux de dépression auraient avantage à se renseigner sur cette maladie pour apprendre ce qu'elles peuvent faire pour s'en prémunir.

VULNÉRABILITÉ PSYCHOLOGIQUE

La personnalité et la façon dont on a appris à faire face aux problèmes peuvent contribuer à l'apparition d'une dépression. Les personnes qui ont une piètre opinion d'elles-mêmes et qui s'inquiètent beaucoup, celles qui dépendent exagérément d'autrui, les perfectionnistes trop exigeants envers eux-mêmes et autrui, et les personnes qui ont tendance à cacher leurs sentiments ont un risque plus élevé de faire une dépression.

ÉVÉNEMENTS DE LA VIE OU FACTEURS DE STRESS LIÉS AU MILIEU

Certaines études semblent indiquer que les malheurs et les traumatismes subis durant la petite enfance (entre autres décès ou séparation des parents) ou la vie adulte (décès d'un être cher, divorce, perte d'emploi, départ à la retraite, importants problèmes financiers et conflits familiaux, par exemple) peuvent conduire à la dépression. Lorsqu'une personne est confrontée à plusieurs événements pénibles sur une période prolongée, son risque de développer un trouble dépressif augmente. En outre, il arrive souvent qu'une personne dépressive se remémore des événements traumatisants : perte d'un parent ou mauvais traitements subis durant l'enfance par exemple, ce qui aggrave la dépression.

Les problèmes familiaux continuels peuvent aussi avoir de profondes répercussions sur l'humeur et causer l'apparition de symptômes de dépression. Les personnes victimes de violence conjugale, psychologique ou physique, peuvent se sentir prises au piège, tant sur le plan financier qu'affectif, et se voir impuissantes face à leur avenir. Cette situation touche particulièrement les mères de jeunes enfants. Le stress constant et l'isolement social liés à ces situations familiales peuvent provoquer des symptômes de dépression.

Une fois qu'une personne a fait une dépression grave, il se peut qu'elle ait besoin d'un traitement intensif avant de se sentir capable d'affronter la situation ou les facteurs de stress qui ont déclenché l'épisode dépressif.

FACTEURS PHYSIOLOGIQUES

La dépression peut se manifester après un bouleversement physiologique inhabituel : accouchement, infection virale ou autre type d'infection, d'où la théorie selon laquelle les déséquilibres hormonaux ou chimiques du cerveau pourraient entraîner la dépression. Des études ont montré que les taux de certaines substances biochimiques étaient différents chez les personnes dépressives et celles qui ne l'étaient pas. Le fait que la dépression puisse être soulagée par des antidépresseurs et des interventions au niveau du cerveau semble appuyer cette théorie.

Le trouble affectif saisonnier (TAS) illustre bien l'interaction entre les facteurs physiologies et la personnalité dans l'apparition de la dépression. Des chercheurs essaient de déterminer si les changements de luminosité pourraient affecter les substances chimiques du cerveau chargées de réguler l'humeur, le sommeil et l'appétit. Il a été montré que les personnes souffrant de TAS étaient très sensibles à leurs propres sentiments et à ce qui se passait autour d'elles et que leurs réactions étaient amplifiées par les changements saisonniers d'ensoleillement.

Il peut être difficile de s'y retrouver dans les diverses théories expliquant l'apparition de la dépression. Mais si les recherches n'ont pas encore permis d'élucider totalement les causes de la dépression, il importe de savoir qu'il existe malgré tout des traitements efficaces.

Questions courantes à propos de la dépression

EXISTE-T-IL DES LIENS ENTRE LE SYNDROME PRÉMENSTRUEL, LA MÉNOPAUSE ET LA DÉPRESSION ?

Les changements hormonaux qui surviennent durant le cycle menstruel ont été associés aux symptômes de la dépression. Avant leurs règles (période prémenstruelle), les femmes peuvent connaître des sautes d'humeur, se sentir irritables et anxieuses, éprouver des troubles du sommeil et avoir des crampes abdominales, des ballonnements et des seins douloureux. Chez les femmes atteintes de **tension prémenstruelle**, ces symptômes peuvent durer plusieurs jours avant de disparaître. Chez les femmes atteintes de *syndrome prémenstruel* (spm), les symptômes sont plus graves et perturbent les activités quotidiennes. Les femmes qui sont à la fois aux prises avec une dépression et des symptômes prémenstruels se sentent généralement bien pis avant leurs règles.

Durant la ménopause, une période de changements biologiques survenant dans la cinquantaine et qui marque la fin de la capacité reproductrice, les femmes doivent s'adapter à des changements hormonaux, dont la baisse d'œstrogènes. Les symptômes de la ménopause – entre autres, bouffées de chaleur et transpiration profuse – peuvent avoir des répercussions sur le travail et les activités sociales. La ménopause est aussi une période au cours de laquelle un certain nombre de femmes ont à faire face à des problèmes divers : enfants quittant le foyer familial, troubles de santé affectant un conjoint vieillissant et d'autres membres de la famille... Les facteurs de stress physiques et psychiques associés à la ménopause peuvent contribuer à l'apparition de symptômes dépressifs.

LA DÉPRESSION PEUT-ELLE ÊTRE DÉCLENCHÉE PAR UNE AFFECTION PHYSIQUE ?

La dépression peut *être causée par une maladie* (par exemple un AVC ayant provoqué des changements neurologiques). Mais quelle qu'en soit la cause, chez les personnes atteintes d'une affection physique, les traitements offerts pour la dépression sont soit des antidépresseurs, soit d'autres thérapies.

LE TRAITEMENT DIFFÈRE-T-IL CHEZ LES PERSONNES ÂGÉES ?

Oui. En général, on prescrit des doses plus faibles d'antidépresseurs, car les personnes âgées sont plus sensibles aux médicaments et davantage sujettes à la confusion, et elles tolèrent moins bien les effets secondaires. On doit en outre tenir compte des interactions médicamenteuses, car ces personnes prennent souvent plusieurs médicaments.

QUELS SONT LES EFFETS DE L'ALCOOL, DES DROGUES ET DE L'AUTOMÉDICATION SUR LA DÉPRESSION ?

La consommation d'alcool et de drogues et la prise de médicaments non prescrits peuvent temporairement soulager les symptômes de la dépression. Toutefois, cette « automédication » ne fait que *masquer* les symptômes de la dépression qui refont surface – parfois en plus aigus – lorsque la personne cesse de consommer ces substances. D'ailleurs, l'abus d'alcool, de drogues et de médicaments non prescrits peut *provoquer* une dépression chez certaines personnes. Cette consommation peut aussi entraîner d'autres problèmes de santé et entraver les activités normales. Dans la plupart des cas, on traite d'abord le problème d'alcoolisme ou de toxicomanie. Si la dépression persiste, on traite alors le trouble de l'humeur.

LES PERSONNES DÉPRESSIVES PEUVENT-ELLES AUSSI SOUFFRIR D'ANXIÉTÉ ?

Oui, et c'est d'ailleurs souvent le cas. Les deux tiers des personnes aux prises avec la dépression présentent des symptômes importants d'**anxiété**. Par anxiété, il faut entendre une profonde inquiétude difficile à maîtriser et se manifestant par toutes sortes d'appréhensions. Les personnes souffrant d'anxiété se sentent agitées ou tendues et elles ont les nerfs à vif. Elles ont aussi tendance à se fatiguer facilement, ont l'impression d'avoir la tête vide, se sentent irritables, ressentent de la tension musculaire, éprouvent des difficultés de concentration et souffrent d'insomnie. La conjonction des symptômes de la dépression et des symptômes de l'anxiété peut avoir de sérieuses répercussions sur la vie professionnelle, les études et les relations humaines.

Lorsqu'une personne ressent des symptômes liés à la dépression et à l'anxiété, elle devrait subir un examen approfondi servant à déterminer quel est le trouble le plus prononcé des deux. Le diagnostic déterminera le choix de traitement. S'il est difficile de discerner lequel des deux troubles est le principal, un diagnostic de trouble mixte d'anxiété et de dépression sera posé et un traitement sera prescrit en conséquence.

De nombreux médicaments prescrits contre la dépression, comme le citalopram (Celexa), l'escitalopram (Cipralex), la certraline (Zoloft), la venlafaxine (Effexor), la duloxétine (Cymbalta) et la desvenlafaxine (Pristiq), ont aussi des effets bénéfiques sur l'anxiété. Les médicaments destinés à réduire l'anxiété ou **anxiolytiques**, tel le lorazépam (Ativan), peuvent aussi donner de bons résultats. La **thérapie cognitivo-comportementale**, une thérapie à court terme par le dialogue, décrite au chapitre suivant, a fait ses preuves pour le traitement de la dépression comme pour le traitement de l'anxiété. Il existe également d'autres traitements efficaces, notamment la thérapie par la relaxation et les techniques de gestion du stress.

POURQUOI LA PLUPART DES PERSONNES DÉPRESSIVES ONT-ELLES TENDANCE À S'ISOLER ?

Alors que la solitude et le manque de services sociaux peuvent contribuer à l'apparition d'une dépression ou perpétuer un état dépressif, les personnes dépressives veulent souvent qu'on les laisse seules. Cela s'explique par le fait que les symptômes de la dépression rendent très difficiles et même stressants les relations sociales, la fréquentation des amis et les contacts avec la famille. De plus, les personnes dépressives se sentent souvent coupables de l'être et elles s'imaginent que leur présence est un fardeau pour autrui. Malheureusement, l'isolement social qui découle de cette situation ne fait qu'aggraver la dépression. Pour aider une personne dépressive à se rétablir, il est essentiel de l'encourager à reprendre une vie sociale et à participer à des activités de groupe structurées.

LES PERSONNES DÉPRESSIVES DEVRAIENT-ELLES S'EFFORCER DE MAINTENIR LEURS ACTIVITÉS QUOTIDIENNES ?

Les personnes légèrement dépressives, mais capables d'effectuer une partie ou la totalité de leurs activités quotidiennes, devraient s'efforcer de le faire. Sans activités quotidiennes structurées, elles risquent de ressasser leurs problèmes et d'aggraver leur dépression. Les personnes qui souffrent de dépression sévère et qui sont dans l'impossibilité physique et psychique d'effectuer leurs activités quotidiennes devraient traiter leur dépression de la même manière qu'on traite les maladies physiques graves. Elles devraient éviter de trop en faire, se fixer des objectifs quotidiens modestes et prendre du repos quand elles en ont besoin.

PEUT-ON RETROUVER SON ÉTAT NORMAL APRÈS UNE DÉPRESSION ?

La plupart des gens sont en mesure de reprendre une vie normale. Pour les personnes qui viennent d'avoir un épisode de dépression grave ou celles qui ont déjà connu d'autres épisodes de dépression, le rétablissement peut prendre bien plus longtemps. Sur la voie du rétablissement, la première étape consiste à se fixer de petits objectifs réalistes, beaucoup moins ambitieux que ceux que la personne se serait fixés avant la dépression. Pour élaborer un plan concernant le retour progressif au travail, aux études ou aux activités de bénévolat, l'aide d'un professionnel peut s'avérer très utile.

APRÈS UN ÉPISODE DÉPRESSIF, LE RISQUE DE DÉPRESSION CLINIQUE S'ACCROÎT-IL ?

Les recherches semblent indiquer que les personnes ayant eu un épisode dépressif ont un risque de 50 % de connaître un autre épisode au cours de leur vie. Après deux épisodes dépressifs, le risque de rechute est de 80 %. *Ces chiffres sont inquiétants, mais ils permettent de comprendre que la meilleure protection contre la rechute est de prendre la maladie en charge la vie durant, même pendant les périodes où on jouit d'une bonne santé mentale.* Voilà pourquoi il est si important que les personnes dépressives et leurs proches soient informés au sujet de cette maladie et qu'ils connaissent les stratégies de **prévention de la rechute**.

Questions courantes sur les épisodes aigus

QUE FAIRE SI L'ON A DES IDÉES DE SUICIDE OU DE MEURTRE ?

Lorsqu'une personne est dépressive au point de souhaiter la mort ou de penser à des façons de se suicider ou de tuer quelqu'un, elle devrait en parler à son médecin sans délai. Si elle n'a pas de médecin, elle devrait téléphoner à un centre de crise ou se rendre à l'urgence de l'hôpital général ou psychiatrique le plus proche. Il est important qu'elle parle à quelqu'un qui verra les choses de façon plus objective. Les pensées suicidaires proviennent de la dépression, qui a une influence néfaste sur la façon dont les gens se perçoivent et dont ils perçoivent le monde qui les entoure.

PEUT-ON HOSPITALISER UNE PERSONNE SUICIDAIRE CONTRE SON GRÉ ?

La plupart des personnes suicidaires reconnaissent qu'elles ont besoin de traitement et jugent que l'hospitalisation leur permet d'être en sécurité en attendant que leur humeur se stabilise. La plupart des lois disposent que si une personne ne reconnaît pas qu'elle a besoin d'être hospitalisée alors qu'elle risque de se suicider ou si, une fois admise, elle souhaite quitter l'hôpital afin d'attenter à ses jours, un médecin peut légalement ordonner qu'elle soit hospitalisée ou s'opposer à sa sortie de l'hôpital, selon le cas, jusqu'à ce que tout danger soit écarté. L'attestation du médecin peut couvrir une période aussi longue qu'il le juge nécessaire. Ceci dit, dans la plupart des hôpitaux, les patients peuvent consulter un conseiller en matière de droits ou entamer une procédure d'appel pour s'opposer à une hospitalisation forcée.

LES PERSONNES QUI SORTENT DE L'HÔPITAL SONT-ELLES COMPLÈTEMENT RÉTABLIES ?

Ce serait étonnant. La plupart des hospitalisations ne durent que le temps que les symptômes aigus (idées de suicide, par exemple), soient maîtrisés par la prise de médicaments. Ensuite, des mesures seront prises pour que la personne soit régulièrement suivie par des prestataires de soins de santé mentale. Le rétablissement prend du temps et il est important que les personnes reprennent leurs activités normales au foyer ; c'est pourquoi les séjours à l'hôpital sont aussi courts que possible. De plus, un séjour prolongé à l'hôpital n'est pas nécessairement bon dans le cas de la dépression : le cadre institutionnel, la présence d'autres malades et le fait d'être éloigné des amis et de la famille pourraient être trop éprouvants.

3 Les traitements

Les personnes dépressives commencent souvent par consulter leur médecin généraliste. Dans les cas les plus bénins, le médecin de famille peut diagnostiquer et traiter la personne sans qu'il soit nécessaire de l'hospitaliser, en lui prescrivant des médicaments ou en lui fournissant du counseling ou les deux. Il peut aussi la diriger vers des ressources communautaires (services de counseling et centres de jour, par exemple).

Lorsque les symptômes de dépression sont plus graves, le médecin de famille peut diriger la personne vers un psychiatre qui pourra la traiter en tant que patient externe ou, si nécessaire, la faire hospitaliser. Il arrive qu'un psychiatre exerçant en milieu hospitalier remplisse le rôle de consultant auprès du médecin de famille et qu'il n'ait que peu de contacts avec la personne dépressive, qu'il ne verra que de rares fois ou même une seule fois.

Pour déterminer le traitement optimal, le médecin tient compte de la gravité de la maladie, des événements pouvant avoir déclenché son apparition et, le cas échéant, des traitements antérieurs.

Parmi les traitements de la dépression figurent les traitements psycho-sociaux (p. ex., **psychothérapie** et **psychoéducation**) et les traitements biologiques (p. ex., pharmacothérapie et interventions au niveau du cerveau). Ces traitements peuvent être employés séparément ou concomitamment. Il est fortement recommandé aux proches des personnes dépressives de s'informer sur la maladie, soit par la lecture, soit en participant à un groupe de soutien aux familles ou à un groupe de sensibilisation, soit en parlant à un prestataire de soins de santé mentale.

Les interventions psychosociales

LA PSYCHOTHÉRAPIE

Pour traiter la dépression, on a souvent recours à la psychothérapie en conjonction avec la pharmacothérapie. « Psychothérapie » est un terme générique servant à décrire une forme de traitement basée sur un « travail de parole » entrepris avec un thérapeute. La psychothérapie vise à soulager l'angoisse au moyen du dialogue. La personne est encouragée à exprimer ses sentiments, à changer les façons de voir, comportements et habitudes qui lui sont préjudiciables et à adopter des moyens plus constructifs pour y faire face.

Pour que la psychothérapie soit efficace, la relation avec le thérapeute doit être fondée sur la confiance et le thérapeute doit mettre la personne à l'aise et lui témoigner son soutien. Les psychiatres, travailleurs sociaux, psychologues et autres prestataires de soins de santé mentale ont étudié diverses formes de psychothérapie. Ils exercent dans différents milieux : hôpitaux, cliniques et cabinets privés.

Il existe de nombreuses formes de psychothérapie individuelle. Les thérapies à court terme durent habituellement 16 semaines ou moins. Parmi ces traitements figurent la **psychothérapie interpersonnelle** (PIP), la **thérapie cognitivo- comportementale** (TCC) et la thérapie cognitive basée sur la pleine conscience (TCPC). Ces traitements structurés mettent l'accent sur les problèmes présents plutôt que sur les problèmes de l'enfance et le thérapeute oriente activement les discussions. Les recherches ont montré que ces thérapies étaient très efficaces pour traiter la dépression.

Dans la PIP, les personnes examinent la dépression dans le contexte des relations qui peuvent avoir des répercussions négatives sur leur humeur (p. ex., changements de rôles résultant de la naissance d'un enfant ou tiraillements constants dans une relation avec un proche).

La TCC aide les gens à examiner leur façon d'interpréter les événements et à voir comment les pensées négatives contribuent à l'apparition et à la perpétuation de la dépression.

D'apparition plus récente, la TCPC est issue des recherches sur les bénéfices de la *pleine conscience*. La pleine conscience et la TCPC font appel à des techniques de méditation pour aider les gens à se débarrasser de leurs pensées négatives. La TCPC vise spécifiquement à prévenir la rechute chez les personnes qui ont connu plusieurs épisodes de dépression.

La *thérapie à long terme* est moins structurée et elle peut durer un an ou plus. Elle offre à la personne l'occasion de parler de ses diverses préoccupations concernant le passé et le présent. En général, le thérapeute aide son client à parler de la façon dont les événements présents évoquent des problèmes datant de l'enfance, car de telles projections peuvent lui nuire dans ses relations, son travail ou ses études. Dans cette forme de traitement, le thérapeute a un rôle moins actif et il donne peu de conseils, se contentant d'aider le client à trouver lui-même les réponses à ses questions.

La thérapie peut aussi être offerte en groupe. Le fait de rencontrer de huit à douze autres personnes ayant des problèmes semblables peut permettre d'atténuer le sentiment d'isolement. Le type de soutien, de compréhension et d'échanges que fournit la thérapie de groupe n'existe pas toujours dans le réseau social d'une personne. Les groupes sont généralement dirigés par un ou deux prestataires de soins de santé mentale qui guident le groupe et lui offrent une structure et des directives au besoin. Certains groupes mettent l'accent sur le processus, c'est-à-dire qu'au lieu de suivre un programme préétabli, ils se concentrent sur les questions soulevées chaque semaine par des membres du groupe. D'autres groupes – ceux qui offrent une thérapie cognitivo-comportementale, par exemple – sont plus structurés. Leurs membres progressent étape par étape, souvent guidés en cela (mais pas toujours) par un manuel leur indiquant comment modifier les attitudes et les comportements qui contribuent à l'apparition et au maintien de la dépression.

Qu'elle soit à court ou à long terme, la psychothérapie, qui peut être utilisée en conjonction avec la pharmacothérapie, peut aider à résoudre certains problèmes qui contribuent à la dépression et affectent divers aspects de la vie.

Comment choisir un psychothérapeute ?

Il est recommandé de prendre le temps nécessaire pour trouver un thérapeute avec qui on se sente à l'aise. Pour cela, on peut consulter son médecin de famille au sujet des thérapeutes locaux : psychiatres (qui dispensent pharmacothérapie et psychothérapie), médecins généralistes psychothérapeutes, travailleurs sociaux en pratique autonome, psychologues et autres prestataires de soins de santé mentale. On peut également communiquer avec le service des consultations externes des hôpitaux généraux et psychiatriques locaux pour savoir si on y offre des psychothérapies individuelles ou de groupe. Certaines associations locales pour la santé mentale offrent des services d'aiguillage. Enfin, il ne faut pas négliger les renseignements de bouche à oreille recueillis dans les groupes d'entraide et auprès d'autres personnes aux prises avec la dépression.

LA PSYCHOÉDUCATION

La **psychoéducation** est un processus par lequel les gens apprennent à se familiariser avec la dépression tout en ayant l'occasion de parler de leur expérience de la maladie et des moyens de l'affronter. En effet, il n'est pas rare que les personnes recevant un diagnostic de dépression éprouvent un fort sentiment de peur ou refusent d'y croire. En parlant ouvertement de leurs sentiments, elles sont souvent mieux à même d'y faire face ; elles sont aussi plus fidèles à leur plan de traitement si elles comprennent bien à quoi il sert. La psychoéducation peut être dispensée en groupe ou individuellement, par un médecin, un travailleur social ou un autre prestataire de soins de santé mentale. Lorsque la psychoéducation est offerte en groupe, elle est généralement de durée déterminée (de 8 à 12 séances) et chaque séance porte sur un aspect différent de la gestion de la dépression (p. ex., signes et symptômes, gestion du stress, résolution de problèmes, etc.).

La psychoéducation aide aussi la famille à comprendre ce que vit la personne dépressive. Elle lui permet de s'informer sur les symptômes de la dépression et son traitement et sur ce qu'elle peut faire pour aider la personne, sans s'attendre à des miracles. Les familles peuvent recevoir une psychoéducation auprès du médecin traitant ou du psychothérapeute ou participer à un groupe de soutien familial ou de sensibilisation.

Enfin, la psychopédagogie aide les personnes dépressives et leurs familles à faire face à la stigmatisation attachée à la maladie mentale. Bien qu'au cours des dernières années, l'accent ait été mis sur la sensibilisation du public, il y a encore beaucoup de gens que le sujet met mal à l'aise, car elles ne comprennent pas que la dépression est une maladie. Il est essentiel que la personne dépressive et sa famille puissent discuter de la question sans peur d'être jugées et qu'elles puissent décider des renseignements à communiquer aux personnes extérieures à la famille.

LA THÉRAPIE FAMILIALE ET LA THÉRAPIE DE COUPLE

La dépression peut avoir des répercussions profondes tant sur les personnes malades que sur les familles. Durant un épisode aigu, il arrive que les proches aient à assumer le rôle et les responsabilités de la personne malade. Durant la période de rétablissement, le conjoint ou les autres membres de la famille risquent d'avoir de la difficulté à reprendre leurs anciennes habitudes. Les sentiments au sujet de ce qui s'est passé et les craintes à l'endroit de l'avenir rendent parfois difficile le « retour à la normale ». Cette situation peut entraîner des conflits conjugaux ou familiaux. Il arrive aussi que des facteurs de stress préexistants dans la famille ou le couple aient contribué à l'apparition de l'épisode dépressif. Si tel est le cas, une thérapie familiale ou une thérapie de couple peut être d'un grand secours.

LES GROUPES D'ENTRAIDE

Les rencontres avec des personnes qui connaissent bien les problèmes et les défis liés à la dépression constituent une part importante du traitement et du rétablissement, tant pour les personnes dépressives que pour les familles. On trouve habituellement, dans les grandes villes, des groupes d'entraide dirigés par des clients et parents de clients du système de santé mentale et il peut aussi y en avoir dans de petites localités. Nombre de ces groupes publient des bulletins ou ont des sites Web que peuvent consulter les personnes vivant dans des lieux isolés. La participation à de tels groupes peut atténuer le sentiment d'isolement tout en offrant l'occasion de profiter de l'expérience des autres membres. Beaucoup de personnes trouvent que le fait de faire du bénévolat dans ces groupes et de faire profiter d'autres personnes de leur expérience de la dépression est particulièrement gratifiant. Vous trouverez des renseignements supplémentaires dans la partie Ressources, en page 65. On peut aussi se renseigner à ce sujet auprès de l'association pour la santé mentale locale, des services de santé mentale ou de son médecin de famille.

Les traitements biologiques

LES MÉDICAMENTS

Les antidépresseurs peuvent soulager ou même éliminer les symptômes de la dépression. Administrés dès les premiers symptômes, ils aident à prévenir les épisodes dépressifs graves et à maintenir l'efficacité des stratégies d'adaptation. En atténuant les symptômes des personnes très dépressives et repliées sur elles-mêmes, les antidépresseurs leur permettent aussi de mieux profiter des thérapies langagières. Dans les cas de dépression grave, les antidépresseurs ont un effet régulateur sur l'humeur et ils permettent donc de reprendre les activités quotidiennes.

On pense que c'est principalement par leur action sur les concentrations des **neurotransmetteurs** (des substances chimiques produites par le cerveau) que les antidépresseurs agiraient sur l'humeur, les principaux neurotransmetteurs impliqués étant la sérotonine, la norépinéphrine et la dopamine.

Il faut attendre plusieurs semaines avant de commencer à constater les effets des antidépresseurs. On remarquera d'abord une amélioration du sommeil, de l'appétit et de l'énergie. L'effet sur l'humeur est habituellement plus long à se manifester. Pour optimiser l'effet de l'antidépresseur, le médecin augmentera graduellement la dose jusqu'à l'atteinte de l'effet recherché. Il se peut aussi qu'il cherche à potentialiser l'effet de l'antidépresseur par un autre médicament – en prescrivant également du lithium, par exemple. Une fois les symptômes de la dépression soulagés par les médicaments, il est souvent recommandé de continuer le traitement durant une période pouvant aller jusqu'à un an pour éviter une rechute. Quand l'humeur de la personne traitée aura été stabilisée durant un certain temps, un sevrage progressif, sous la supervision d'un prestataire de soins de santé mentale, pourra être envisagé.

Les gens craignent souvent que les antidépresseurs ne créent une dépendance, ce qui n'est pas le cas. En réalité, les antidépresseurs sont très utiles dans le traitement de la dépression. Un grand nombre de gens hésitent aussi à prendre des antidépresseurs, car ils considèrent le fait de prendre des médicaments comme un signe de faiblesse (ce qui indique qu'ils considèrent la dépression comme un défaut de caractère plutôt qu'une pathologie véritable). Pourtant, la dépression est bel et bien une maladie qui, si elle n'est pas traitée, peut s'aggraver considérablement et même menacer la vie des personnes atteintes. Vous trouverez d'autres réponses aux questions communément posées sur les antidépresseurs dans la brochure *Comprendre les médicaments psychotropes : Les antidépresseurs*, que vous pouvez vous procurer auprès du Centre de toxicomanie et de santé mentale (CAMH). Y sont abordées les questions concernant l'instauration du traitement par antidépresseur et du sevrage, les interactions avec l'alcool, la caféine et d'autres drogues, la sécurité routière, la sexualité et la grossesse, et les questions liées à l'âge. Vous pouvez également rechercher en ligne la version publiée dans le site Web de CAMH.

La dépression étant un trouble mental complexe, de nombreux psychiatres se spécialisent à présent en biologie de la dépression et en pharmacothérapie. Les personnes souffrant de dépression devraient chercher un médecin à qui elles n'auront pas peur de poser des questions sur les médicaments, leur efficacité et leurs effets secondaires.

Les effets secondaires varient selon les antidépresseurs et si certaines personnes n'en éprouvent aucun, d'autres éprouvent des effets très pénibles. Il faut savoir que les effets secondaires s'atténuent durant le traitement. Pour les minimiser, le médecin commence par prescrire une faible dose de médicament, dose qu'il augmentera peu à peu jusqu'à l'atteinte de la dose idéale, c'est-à-dire celle qui allie un maximum d'efficacité à un minimum d'effets secondaires. Lorsque les effets secondaires sont mal tolérés, il est recommandé de continuer à prendre le médicament comme prescrit et d'en avertir le médecin au plus tôt.

Les divers types d'antidépresseurs

Les renseignements contenus dans cette partie sont un résumé de ceux qui figurent dans la série de brochures *Comprendre les médicaments psychotropes*, publiée par CAMH. Conçues pour aider les gens à s'informer sur ces médicaments et à faire des choix éclairés, ces brochures traitent du rôle des psychotropes, des différents types de médicaments (avec leurs noms de marque), de leurs effets et de leur place dans le traitement des troubles mentaux. Les brochures de la série *Comprendre les médicaments psychotropes* se trouvent également en ligne dans le site Web de CAMH et ont pour objet les antidépresseurs, les antipsychotiques, les benzodiazépines et les psychorégulateurs.

Il existe plusieurs classes d'antidépresseurs, chacune contenant de nombreux médicaments. De façon générale, tous les antidépresseurs donnent de bons résultats, mais il n'existe aucun médicament ou type de médicament qui ait la même efficacité chez tout le monde. Si une personne n'obtient pas les résultats souhaités, le médecin lui proposera d'essayer un autre antidépresseur ou de prendre plusieurs antidépresseurs à la fois.

Ci-dessous figure la liste des différents types d'antidépresseurs, des plus prescrits aux moins prescrits.

LES INHIBITEURS SÉLECTIFS DE LA RECAPTURE DE LA SÉROTONINE

Cette classe de médicaments comprend la fluoxétine (Prozac), la paroxétine (Paxil), la fluvoxamine (Luvox), le citalopram (Celexa), l'escitalopram (Cipralex) et la sertraline (Zoloft). Les inhibiteurs sélectifs de la recapture de la sérotonine (ISRS) constituent généralement le premier choix de traitement de la dépression et des troubles anxieux, car ces médicaments ont des effets secondaires plus faibles que les autres antidépresseurs. Semblable aux ISRS, la buspirone (Buspar) est efficace pour les troubles anxieux mais pas pour la dépression.

LES INHIBITEURS DE LA RECAPTURE DE LA SÉROTONINE ET DE LA NORADRÉNALINE

Les inhibiteurs de la recapture de la sérotonine-noradrénaline (IRSN) comprennent la venlafaxine (Effexor), la duloxétine (Cymbalta) et la desvenlafaxine (Pristiq). Les IRSN sont employés pour traiter la dépression, les troubles anxieux et la douleur chronique.

LES INHIBITEURS DE LA RECAPTURE DE LA NORADRÉNALINE ET DE LA DOPAMINE

Le seul inhibiteur de la recapture de la dopamine-noradrénaline (IRND) commercialisé est le bupropion (Wellbutrin, Zyban). En raison de ses effets énergisants, ce médicament est souvent prescrit en conjonction avec un autre antidépresseur pour traiter la

dépression. Il est également prescrit pour traiter le trouble défici-
taire de l'attention avec ou sans hyperactivité (TDA/TDAH) et pour
aider les gens à arrêter de fumer.

La nervosité et l'insomnie sont les effets secondaires courants du
bupropion.

LES ANTIDÉPRESSEURS NORADRÉNERGIQUES ET SÉROTONINERGIQUES SPÉCIFIQUES

Le seul antidépresseur noradrénergique et sérotoninergique
spécifique (ANSS) de cette classe est la mirtazapine (Remeron).
C'est aussi l'antidépresseur qui a l'effet sédatif le plus fort, ce qui
présente un avantage pour les personnes qui souffrent d'insomnie
ou d'anxiété sévère. La mirtazapine a également un effet stimulant
sur l'appétit.

LES ANTIDÉPRESSEURS CYCLIQUES

Cette classe, plus ancienne, comprend l'amitriptyline (Elavil), la
maprotiline (Ludiomil), l'imipramine (Tofranil), la désipramine
(Norpramin), la nortriptyline (Novo-Nortriptyline) et la clomipra-
mine (Anafranil).

Ces médicaments ayant généralement davantage d'effets secondaires que les antidépresseurs plus récents, ils ne constituent généralement pas le premier choix de traitement. On peut néanmoins
y avoir recours lorsque d'autres médicaments n'ont pas eu d'effet
contre la dépression majeure.

LES INHIBITEURS DE LA MONOAMINE OXYDASE

Les inhibiteurs de la monoamine-oxydase (IMAO), parmi lesquels
figurent la phénelzine (Nardil) et la tranylcypromine (Parnate),
constituent la classe d'antidépresseurs la plus ancienne. Bien qu'ils
soient efficaces, on les prescrit rarement, car les personnes qui les
prennent doivent s'astreindre à un régime spécial.

Un nouvel IMAO, le moclobémide (Manerix) ne nécessite pas de régime alimentaire particulier, mais il se pourrait qu'il ne soit pas aussi efficace que les autres IMAO.

LA PHOTOTHÉRAPIE POUR LE TROUBLE AFFECTIF SAISONNIER

La photothérapie, qui consiste à passer une demi-heure par jour dans une cabine d'éclairage conçue à cet effet, soulage 65 % des personnes porteuses d'un diagnostic de trouble affectif saisonnier (TAS). Il faut généralement compter de deux à trois semaines avant que le traitement fasse effet. On pense que la photothérapie corrigerait les perturbations du rythme circadien qui se produisent en automne et en hiver.

LES INTERVENTIONS AU NIVEAU DU CERVEAU

Ces traitements (également appelés neurostimulation) consistent à stimuler des régions du cerveau, soit au moyen d'impulsions électriques, soit au moyen d'un champ magnétique.

L'électroconvulsivothérapie

L'électroconvulsivothérapie (ECT), ou « traitement par électrochocs », est un traitement de la dépression aiguë qui existe de longue date, mais qui est largement méconnu, et qui est tour à tour encensé et décrié dans le milieu de la santé mentale et les médias. À ses débuts, l'ECT était une procédure plus rudimentaire qui entraînait des pertes de mémoire à court et à long terme. Toutefois, dans la plupart des cas, les troubles de mémoire disparaissaient au bout de six mois.

Aujourd'hui, l'ECT demeure le traitement le plus efficace de la dépression majeure. Pourtant, elle est généralement considérée comme une solution de dernier recours en raison des craintes provenant d'idées préconçues. Les médecins traitent donc leurs patients à l'aide de méthodes moins invasives – par la pharma-cothérapie, par exemple – et n'envisagent l'ECT que s'il n'y a pas d'autre choix.

L'ECT n'a pas grand-chose à voir avec les traitements par électro-chocs présentés dans les films comme *Vol au-dessus d'un nid de coucou*. Aujourd'hui, on administre aux patients des myorelaxants (relaxants musculaires). La procédure – un courant électrique de faible intensité administré sur un côté du crâne ou les deux – est réalisée sous anesthésie générale et on n'observe que peu de mou-vements chez la personne traitée.

On ne sait pas très bien comment l'ECT agit, mais au bout de cinq séances environ, à raison d'une séance tous les deux jours, l'hu-meur de la plupart des patients commence à s'améliorer. Selon la réaction du patient, de 8 à 18 séances peuvent être offertes. Beaucoup de patients souffrant de dépression sévère que les médi-caments n'ont pas pu soulager rapportent que l'ECT leur a donné un « coup de fouet » en les faisant sortir d'une dépression pro-fonde. Les résultats obtenus par l'ECT peuvent être maintenus par la prise de médicaments, des traitements occasionnels d'ECT et une psychothérapie ou une thérapie de réadaptation.

EFFETS SECONDAIRES

Au sortir de l'intervention, le patient peut éprouver un mal de tête ou une douleur à la mâchoire, que de l'acétaminophène (Tylenol) suffit généralement à soulager. Il est courant que durant le trai-tement, le patient connaisse une certaine perte de la mémoire immédiate (p. ex., il est incapable de se souvenir de ce qu'il a mangé la veille au soir) ou des troubles de concentration, mais ces symptômes s'atténuent rapidement après la fin des séances, généralement en quelques semaines. Néanmoins, certains patients signalent que de légers troubles de mémoire persistent bien plus longtemps.

La stimulation magnétique transcrânienne

La **stimulation magnétique transcrânienne** (SMT) consiste en une série de courtes impulsions magnétiques délivrées au cerveau dans le but de stimuler les cellules nerveuses. La SMT est actuellement à l'étude comme traitement de rechange à l'ECT, mais son efficacité n'a pas encore été prouvée. À la différence de l'ECT, le traitement peut être dispensé sans anesthésie ni myorelaxant.

La magnétoconvulsivothérapie

La **magnétoconvulsivothérapie** (MCT) consiste à induire une convulsion en appliquant sur le cerveau une puissante stimulation magnétique. La MCT se veut une solution de rechange à l'ECT, car elle ne s'accompagne que de peu d'effets secondaires d'ordre cognitif.

L'efficacité de la MCT est actuellement à l'étude.

LES TRAITEMENTS COMPLÉMENTAIRES ET LA MÉDECINE DOUCE

Lorsque les personnes dépressives recherchent des traitements non conventionnels, elles souhaitent souvent des traitements à suivre en parallèle avec les traitements courants plutôt que d'y substituer d'autres formes de traitement. Parmi les thérapies complémentaires figurent la phytothérapie, l'acupuncture, l'homéopathie, la naturopathie, la médecine ayurvédique, la méditation et le yoga. Il existe aussi un certain nombre de compléments nutritionnels et de vitamines que l'on peut se procurer.

Un grand nombre de ces traitements n'ont pas été soumis à des tests rigoureux. Cependant, le millepertuis s'est révélé d'une certaine efficacité pour le traitement de la dépression légère à modérée.

Il est important que les personnes qui envisagent de prendre des remèdes à base de plantes en parlent à un médecin qui connaisse bien les traitements complémentaires et la médecine douce, car ceux-ci peuvent interagir avec les médicaments prescrits.

Certaines personnes trouvent que des activités comme le yoga, le tai-chi et la méditation aident à gérer l'anxiété et la dépression.

L'activité physique

On a montré que l'activité physique et l'exercice avaient des effets antidépresseurs. Une activité physique régulière – ne serait-ce qu'une demi-heure de marche par jour – a des effets très bénéfiques sur la santé physique et mentale. On a également montré que l'exercice augmentait la taille de l'hippocampe, une zone du cerveau liée à la mémoire.

4 Le rétablissement et la prévention de la rechute

Le processus de rétablissement

Chacun définit le rétablissement d'une dépression à sa manière. Certains le voient comme un processus, d'autres comme un aboutissement. Quoi qu'il en soit, il ne faut pas perdre de vue le fait que chaque personne est unique et qu'aucune étiquette de maladie mentale ne peut permettre de la définir. Habituellement, les personnes qui se remettent d'une légère dépression reprennent assez facilement leurs activités et leurs responsabilités. À la suite d'une dépression plus grave et plus longue, le rétablissement demande plus de temps. Une période de maladie prolongée peut porter atteinte à la confiance en soi et donner un sentiment d'insécurité dans des situations familières où on se sentait auparavant à l'aise. La dépression a souvent aussi pour effet de créer une situation de dépendance à l'égard de l'entourage. Beaucoup de personnes qui se remettent d'une dépression sont surprises de constater à quel point elles sont effrayées à la perspective de redevenir indépendantes et de retrouver leurs responsabilités.

Il est important de reconnaître que ces réactions sont normales durant la phase de rétablissement d'une dépression. *Quand on se remet d'une dépression sévère, il importe de se réconcilier avec le fait qu'il faut se fixer des objectifs modestes.* Tout comme on reprend graduellement ses activités quand on se remet d'une fracture à la jambe, le retour graduel aux activités et responsabilités normales à la suite d'un épisode dépressif permet de recouvrer sa confiance en soi. Certains s'empressent de se lancer dans une foule d'activités afin de se prouver et de prouver à leur entourage qu'ils sont complètement rétablis. Cette « course à la santé », trop brutale, est épuisante. Lorsqu'on est trop exigeant envers soi-même ou qu'on veut que tout soit parfait, on risque de trouver longue la période de rétablissement et on s'expose à être gravement déçu et à perdre espoir si les choses ne se passent pas comme prévu.

Il faut comprendre que le rétablissement est un processus et non pas une chose qui se produit du jour au lendemain. Il importe donc de commencer par reprendre tout doucement ses activités habituelles. Il est normal que le retour aux activités sociales ou professionnelles ou la reprise des études provoquent de l'anxiété et il faut éviter de se juger. Pour planifier une stratégie de rétablissement pouvant inclure activités de bénévolat, activités de loisirs, inscription à des cours et travail à temps partiel (ou, plus tard, à temps plein), on peut faire appel à un travailleur social, un ergothérapeute ou une infirmière.

Comment prévenir la rechute et favoriser le mieux-être

Les personnes qui ont fait une dépression majeure risquent de connaître d'autres épisodes de cette maladie. *Il est important de profiter des périodes de mieux-être pour agir afin de prévenir une rechute.*

Comme toute maladie, le diabète par exemple, la dépression exige de prêter attention à la façon dont on se sent de façon à pouvoir détecter les signes avant-coureurs de rechute et peut-être ainsi prévenir un épisode dépressif.

1. **Les personnes dépressives devraient acquérir de l'expertise au sujet de leur maladie** en lisant tout ce qu'elles peuvent sur la dépression et son traitement et, s'il y a des choses qu'elles ne comprennent pas, en posant des questions à leurs prestataires de soins de santé mentale.

2. **Il est essentiel de surveiller ses sautes d'humeur et de pratiquer des activités qui ont des effets bénéfiques sur le moral.** Lorsqu'on éprouve un mieux-être, on doit être attentif à tout changement d'humeur. Les troubles du sommeil, les pensées négatives, le sentiment de désespoir ne doivent pas être ignorés, car ils pourraient indiquer le début d'une rechute. Il importe aussi de prêter attention aux activités qui ont un effet stabilisateur ou bénéfique sur l'humeur – promener son chien ou rendre visite à des amis, par exemple – et de les intégrer à son quotidien. (Voir la partie suivante intitulée « Comment reconnaître les changements d'humeur dans un but préventif ».)

3. **Quand le médecin a prescrit des médicaments, il faut continuer à les prendre tant qu'il ne dit pas de les arrêter.** Les patients qui commencent à se sentir mieux cessent souvent de prendre leurs médicaments. Or, le risque de rechute est plus élevé lorsqu'on cesse de prendre ses médicaments trop tôt. En général, les médecins recommandent de continuer à prendre ses médicaments de six mois à un an après un épisode dépressif. Dans certains cas, il peut être recommandé de prendre des antidépresseurs pendant plusieurs années. Il est tentant d'arrêter de prendre ses médicaments quand on ressent des

effets secondaires, mais il est préférable d'en discuter avec le médecin pour élaborer un plan de traitement plus adapté.

4. **Il est important d'avoir une bonne hygiène de vie**, d'autant plus quand on souffre de dépression. Une alimentation insuffisante ou de mauvaises habitudes alimentaires aggravent la fatigue. Les recherches ont montré que l'exercice régulier avait un effet positif sur l'humeur.

Les personnes qui éprouvent de la difficulté à s'endormir ou qui se réveillent durant la nuit devraient acquérir de bonnes habitudes de sommeil. Le fait de répéter chaque soir le même rituel peut aider à retrouver le sommeil. Il est recommandé de se coucher toujours à la même heure et d'éviter les activités peu propices à la détente avant de se mettre au lit. Il vaut mieux régler ses factures, terminer des travaux ou avoir des discussions importantes dans la journée plutôt qu'en soirée. Beaucoup de gens font des exercices de relaxation, lisent quelque chose d'agréable ou prennent une tisane avant de se mettre au lit, car cela les détend. Il ne faut pas s'attendre à s'endormir tout de suite et il faut éviter de se dire qu'on n'y arrivera pas, cela ne ferait qu'aggraver l'anxiété. Dans certains cas, il pourrait être utile de prendre des somnifères pour trouver le repos dont on a été privé en raison de la dépression.

5. **Il est bon de prendre conscience des traits de personnalité qui engendrent des pensées négatives.** Les personnes qui ont tendance à voir tout en noir, à s'inquiéter outre mesure, à éprouver de la difficulté à exprimer leurs sentiments ou à être inflexibles ou perfectionnistes pourraient tirer avantage d'une psychothérapie. En effet, la psychothérapie permet d'apprendre à surmonter de tels problèmes et à tirer parti de ses atouts.

6. **Il n'est pas possible d'éviter le stress, mais on peut apprendre à mieux y faire face.** Beaucoup de personnes dépressives ont une seule et unique stratégie d'adaptation. Par exemple, elles cachent leurs inquiétudes et évitent d'aborder les problèmes, une stratégie qui peut fonctionner dans certaines situations, mais pas dans toutes. Il est recommandé, autant que possible, d'essayer d'autres stratégies. Ainsi, le fait d'éviter les problèmes entraîne une accumulation de stress. Il importe aussi de savoir jusqu'à quel point on peut tolérer le stress, de reconnaître les relations avec autrui qui sont préjudiciables et, si possible, d'éviter les situations susceptibles de déclencher une rechute.

7. **Il faut éviter de s'isoler et maintenir son réseau de soutien.** La dépression donne souvent envie de s'isoler et pourtant, le fait de passer trop de temps seul peut contribuer à la dépression ou à la rechute et les liens sociaux solides offrent un rempart contre la dépression. Il faut donc éviter de trop se replier sur soi, et maintenir le contact avec son réseau de soutien.

    À qui se confier quand on traverse une dépression ? Il n'y a pas de réponse toute faite. Bien que les préjugés attachés à la maladie mentale soient moindres que par le passé, ils continuent d'affecter un grand nombre de gens. Toutefois, pour se protéger de la rechute, il est important d'avoir au moins une personne à qui parler. Outre la famille et les professionnels, il y a les groupes d'entraide, qui occupent une place importante dans le réseau de soutien de bon nombre de personnes dépressives.

8. **Il est essentiel d'avoir une vie équilibrée.** De prime abord, il peut sembler facile d'échapper à la dépression en se concentrant uniquement sur un aspect de la vie : travail ou occupation de prédilection, par exemple. Mais l'utilité de cette

stratégie risque de n'avoir qu'un temps. Il ne faut négliger aucun aspect de la vie : études, travail ou activités de bénévolat, loisirs divers, relations avec la famille et les amis. Quand on s'investit dans divers aspects de sa vie durant la phase de rétablissement, on a une vie plus équilibrée et satisfaisante, ce qui aide à éviter la rechute.

9. **Il est fortement recommandé de suivre un traitement en postcure.** Le médecin de famille et, au besoin, un psychiatre devraient assurer un suivi régulier. Pour faire face aux répercussions de la dépression sur la vie, il peut être également très utile de suivre une thérapie individuelle ou familiale ou une thérapie de groupe, ou de participer à un groupe de soutien. Les personnes qui recommencent à sombrer dans la dépression doivent communiquer immédiatement avec leur médecin. Divers professionnels peuvent apporter du soutien aux personnes dépressives qui en ont besoin : infirmières visiteuses, ergothérapeutes ou travailleurs sociaux. Une intervention rapide peut permettre de prévenir un épisode dépressif ou d'en réduire la gravité.

10. **Il faut savoir que les personnes qui se sont rétablies s'inquiètent souvent secrètement de la possibilité d'une rechute.** Pour parer à toute éventualité – et pour apaiser ces craintes – il est important qu'un plan d'urgence soit établi avec la famille, le conjoint ou un ami. Ce plan devra indiquer à qui reviendront les diverses responsabilités en cas de rechute nécessitant une hospitalisation : qui avertira le médecin, qui accompagnera la personne à ses rendez-vous, qui préviendra l'école ou l'employeur, qui s'occupera des enfants de la personne et qui veillera à ce que son loyer ou son prêt hypothécaire et ses factures soient payés.

Comment reconnaître les changements d'humeur dans un but préventif

Les personnes qui reprennent les études, le travail, leurs responsabilités domestiques ou leurs activités de bénévolat doivent apprendre à reconnaître les signes précurseurs de la dépression, tels les légers changements d'humeur. Elles devraient aussi chercher des moyens de mieux se concentrer et de travailler de façon plus productive et essayer de se protéger des facteurs extérieurs de stress.

Voici les signes précurseurs typiques de la dépression :

- difficulté à se concentrer ou à terminer des tâches ;
- baisse d'énergie ;
- perte de confiance en soi ;
- susceptibilité exagérée ;
- tendance plus marquée à s'inquiéter ;
- remise en cause de l'utilité des activités quotidiennes ;
- difficulté à prendre des décisions simples ;
- altération du sommeil et de l'appétit.

Il importe également d'ajouter à cette liste les facteurs déclencheurs individuels (événements ou circonstances qui peuvent précipiter des changements d'humeur) et de réfléchir à des stratégies permettant de bien y faire face. En voici quelques exemples :

- dates anniversaires ;
- problèmes d'argent ;
- conflit avec quelqu'un d'important ;
- situation de maltraitance ;
- maladie (p. ex. grippe).

Quand on est dépressif ou qu'on se trouve en présence de facteurs déclencheurs, il peut être utile :

- de savoir reconnaître certains symptômes et de communiquer avec son médecin pour voir s'il pourrait modifier le traitement ou le remplacer ;
- de demander du soutien à sa famille, ses amis et ses collègues de travail, notamment en cherchant à connaître leur point de vue sur les problèmes qu'on perçoit ;
- de commencer par s'occuper de tâches simples et concrètes et de remettre à plus tard, dans la mesure du possible, les tâches plus difficiles ou délicates ;
- de remettre à plus tard toute décision importante ;
- d'éviter de consacrer trop de temps à des activités publiques ou à des activités sociales exigeantes ;
- d'organiser ses journées de manière à faire une part importante aux activités que l'on trouve gratifiantes ;
- de se fixer des objectifs pour faire face à ces changements d'humeur, en participant à des activités agréables avec des gens dont on a le soutien, par exemple.

5 L'aide offerte aux conjoints et aux familles

Quand un proche souffre de dépression

Lorsque quelqu'un est gravement malade, cela se répercute sur l'ensemble de sa famille, qu'il s'agisse d'une maladie physique comme le diabète ou d'une maladie mentale comme la dépression. Dans le cas de la maladie mentale, la famille ou le conjoint doivent faire face à des facteurs de stress supplémentaires, notamment en raison de la stigmatisation. Pour éviter d'être confrontés aux préjugés, ils peuvent tenter de faire face à la maladie mentale par eux-mêmes. En outre, la dépression affectant l'humeur et le comportement de la personne atteinte, celle-ci a moins de contrôle sur sa maladie et il y a des chances qu'elle soit moins disposée à collaborer avec ses proches, notamment en ce qui concerne son rôle et ses responsabilités.

Généralement, les familles trouvent cette situation très éprouvante. Si la dépression est légère, les choses peuvent être relativement faciles à gérer, mais pour la dépression sévère, c'est souvent une autre histoire.

Quand on a un proche aux prises avec la dépression, on peut passer par toutes sortes d'émotions : accablement, inquiétude, peur, angoisse, frustration, colère, sentiment de culpabilité ou d'impuissance. Or, si tous les épisodes dépressifs sont difficiles à vivre, le premier épisode est particulièrement déroutant. Il n'est pas facile de comprendre ce qui arrive et pourquoi la personne ne se rétablit pas d'elle-même. Quand on manque d'information sur la dépression, on peut être porté à croire que la personne malade manque de volonté ; on risque aussi d'être contrarié si, après qu'on lui a donné des conseils bien intentionnés, elle ne fait pas le nécessaire pour s'en sortir. En outre, si la personne parle de suicide, il est naturel de vivre dans un état d'alarme permanent.

Comment communiquer avec une personne atteinte de dépression

Souvent, les membres de la famille ignorent comment parler à un proche qui fait une dépression, notamment par peur de poser trop de questions et de l'indisposer sans le vouloir. Mais ils ne veulent pas non plus que la personne malade pense qu'ils ne s'intéressent pas à elle ou cherchent à l'éviter.

Il faut essayer de manifester son soutien à la personne, faire preuve de compréhension et se montrer aussi patient que possible. Le simple fait, pour la famille, de reconnaître que la dépression est une maladie peut aider la personne atteinte à se sentir moins coupable d'être dysfonctionnelle.

Conseils pour bien communiquer

1. Parler **calmement, sans élever la voix.**

2. **Parler d'une seule chose à la fois.** Il se peut que la personne ait de la difficulté à se concentrer.

3. Si la personne est silencieuse et renfermée, **essayer de rompre le silence en usant de banalités,** du style « Il fait un peu chaud ici, non ? ».

4. **Attendre patiemment** que la personne réponde, en lui laissant le temps de réagir.

5. **Les personnes qui savent écouter sont très appréciées.** La dépression conduit les gens à s'étendre sur la façon dont elles se sentent, ce qui ne veut pas dire qu'elles soient prêtes à discuter de solutions à leurs problèmes. Le fait d'écouter et de faire savoir à la personne qu'on la comprend est très précieux pour elle. Il n'est pas nécessaire d'offrir des solutions immédiates.

6. **Si la personne est irritable, il faut mettre la pédale douce, revoir ses attentes et rester en terrain neutre.** Des réflexions banales sur le temps, ce qu'il y a pour le souper ou d'autres aspects du quotidien représentent la façon la plus sûre d'engager la conversation. On s'efforcera de repérer des occasions d'acquiescer aux réponses de la personne dépressive ou d'y ajouter quelque chose. À l'évidence, il y a peu de chance que les discussions sérieuses aboutissent à quoi que ce soit. Il faudra les remettre à plus tard.

7. **S'abstenir de poser des questions sur ce qui a conduit la personne à devenir dépressive et éviter de la blâmer ou de lui dire de se secouer.** Le fait que les personnes modérément dépressives puissent être capables d'apprécier les suggestions qu'on leur fait ne signifie pas qu'elles seront capables de les appliquer. En les questionnant à ce sujet ou en les blâmant, on ne fera que renforcer leur sentiment de culpabilité, leur solitude et leur isolement. Il est fréquent que les personnes souffrant de dépression ne sachent pas ce qui les a mises dans cet état ni ce qui pourrait les aider.

8. **Éviter de trop en faire.** Lorsqu'un membre de la famille est atteint de dépression sévère ou chronique, il est normal de trouver sa compagnie épuisante. Souvent, la meilleure façon d'entretenir des rapports avec une personne profondément déprimée est d'avoir avec elle des contacts fréquents mais brefs. Si la personne est hospitalisée, les membres de la famille peuvent se relayer pour lui rendre visite.

Comment faire soigner un membre de sa famille

L'ENCOURAGER À ACCÉDER AU TRAITEMENT

De nombreuses personnes sont disposées à se faire soigner pour leur dépression, mais il en est qui hésitent à admettre leurs difficultés. Elles craignent que le fait d'admettre qu'elles font une dépression ne soit un signe de faiblesse ou elles redoutent d'être pointées du doigt comme ayant des problèmes mentaux. D'autres personnes essaient de s'en sortir seules et ce n'est qu'une fois qu'elles sont profondément dépressives qu'elles se rendent compte qu'elles ont une maladie qui se traite.

Lorsqu'un proche semble faire une dépression, mais qu'il ne suit pas de traitement, il suffit parfois de lui dire qu'il a la possibilité de se faire aider pour qu'il décide de se faire soigner. Il y a néanmoins des personnes qui passent par plusieurs épisodes de dépression avant de finir par accepter qu'elles ont une maladie qu'il leur faudra gérer leur vie durant et de consentir une fois pour toutes à se faire traiter par un médecin ou un thérapeute. Lorsqu'une famille a un proche dans ce cas, elle peut avoir du mal à le voir ainsi sans essayer (soit par la force, soit par l'« usure ») de le convaincre de continuer à prendre les médicaments qui lui ont été prescrits ou de consulter un médecin. Cependant, une telle attitude de la part de la famille peut mener à de vives querelles et à des épreuves de force. Quand on a un proche qui souffre de dépression, qu'on voudrait lui dire qu'on sent que quelque chose ne va pas, mais qu'on craint qu'il le prenne mal, il est peut-être préférable de laisser à quelqu'un en qui il a confiance le soin d'aborder le sujet avec lui.

LES IDÉES DE SUICIDE

Beaucoup de personnes qui sont dépressives au point de songer au suicide acceptent d'être hospitalisées, mais il arrive parfois qu'une personne refuse de se faire traiter car elle a perdu tout espoir et se sent inutile. En pareil cas, un membre de la famille ou quelqu'un en qui la personne a confiance devrait insister pour que la personne consulte son médecin ou se rende aux urgences. En cas de refus, il existe plusieurs recours. Par exemple, on peut demander à un juge de paix de rendre une ordonnance autorisant des agents de la paix à conduire la personne à l'hôpital pour qu'elle y subisse une évaluation médicale. En cas de risque immédiat de suicide, il faut composer le 911.

Le recours à la police n'est pas une décision facile, mais il est parfois nécessaire pour faire hospitaliser une personne malade. Les familles se sentent souvent très coupables de prendre une telle décision, même si elle vise à sauver la vie de leur proche. Il faut savoir que les menaces de suicide sont généralement des appels au secours et qu'elles doivent être prises au sérieux. Les personnes suicidaires ne font généralement que traverser une mauvaise passe, durant laquelle elles ont besoin d'être à l'abri du danger.

QUAND UN PROCHE EST À L'HÔPITAL

Si la personne est très malade et affaiblie, il est parfois préférable, pour elle comme pour sa famille, que les visites soient fréquentes, mais de courte durée. Les longues conversations ne sont pas bénéfiques aux patients très malades, car ils ont tendance à ressasser leurs problèmes ou leur sentiment de désespoir. Des visites fréquentes et brèves permettent de garder le contact avec la personne hospitalisée en lui montrant qu'on est là pour elle.

Certaines personnes ont beaucoup de mal à tolérer l'hospitalisation, car pour les protéger, il faut restreindre leur liberté de mouvement. Il est donc naturel qu'elles souhaitent quitter l'hôpital avant que le personnel médical ne juge leur humeur et leur comportement stabilisés. Pour la famille, cette situation est particulièrement éprouvante, car elle se représente les problèmes qu'elle aura à la maison si la personne redevient gravement malade et doit être réhospitalisée. Certains patients, sensibles aux préoccupations de leurs amis et de leur famille, acceptent de prolonger leur séjour à l'hôpital. La famille obtiendra plus facilement l'assentiment de la personne si elle fixe des objectifs précis lors de l'admission. À titre d'exemple, il pourrait être utile de préciser clairement que la personne devra être stabilisée avec des médicaments et s'inscrire à un programme de jour ou s'engager à suivre une thérapie avant de quitter l'hôpital.

En Amérique du Nord, la plupart des gouvernements ont des lois sur la santé mentale qui ne permettent l'hospitalisation forcée que si la personne menace d'attenter à son intégrité physique ou à celle d'autrui, ou est incapable de prendre soin d'elle-même. Or, bien des personnes malades à qui un séjour à l'hôpital pourrait être profitable ne répondent pas à ces critères et elles ont donc la possibilité de refuser l'hospitalisation ou de quitter l'hôpital en dépit de l'avis du médecin.

Il est donc recommandé d'essayer de négocier avec la personne le moment idéal pour sa sortie de l'hôpital. Quels sont les progrès qui doivent être faits durant l'hospitalisation pour que la famille ait l'assurance que tout danger soit écarté avant qu'elle consente au retour de la personne au foyer ? La question pourrait-elle être abordée à l'occasion d'une *rencontre de planification de congé* où seraient présents la personne malade, son médecin et tout autre professionnel lui ayant prodigué des soins ?

On peut parfois faire patienter un proche en lui disant que cette rencontre doit avoir lieu pour qu'on consente à son retour à la maison. Les familles se sentent souvent coupables de poser des conditions, car elles craignent que leur proche ne se sente rejeté. Pourtant, un congé prématuré ou mal planifié aboutit souvent à une rechute et à une situation encore plus compliquée.

Conjoints et familles doivent prendre soin d'eux-mêmes

Lorsqu'une personne a une maladie grave, il est naturel que les membres de la famille s'alarment et qu'en s'efforçant de lui venir en aide et de la réconforter, ils délaissent leurs activités habituelles. Ne sachant pas trop comment les amis vont se comporter à l'égard de la personne, ils s'abstiennent de les inviter. Avec le temps, ils s'isolent de leur cercle d'amis ou négligent leurs activités habituelles pour prendre soin de leur proche. C'est souvent lorsque la situation est bien établie qu'ils se rendent compte de leur épuisement psychique et physique. Or, le stress peut entraîner des troubles du sommeil, de l'épuisement ou une irritabilité chronique.

Il est important que les membres de la famille reconnaissent ces signes de stress et prennent soin de leur propre santé mentale et physique. Pour ce faire, ils doivent être conscients de leurs limites et se ménager du temps. Ils doivent veiller à avoir un bon réseau de soutien composé d'amis et de membres de la famille à qui ils puissent parler franchement de la situation. Certaines personnes ont du mal à comprendre ce qu'est la maladie mentale et il est donc naturel d'être sélectif et de ne se confier qu'à des gens qui peuvent apporter un véritable soutien.

Les parents ou le conjoint ont besoin de bien s'informer sur la dépression, car une meilleure connaissance de la maladie les met mieux à même d'offrir un soutien à la personne touchée, de gérer leurs propres émotions et d'expliquer la situation à la famille élargie, aux amis et aux collègues de travail. Ils peuvent se renseigner à ce sujet auprès du médecin traitant, du travailleur social ou des autres prestataires de soins de santé mentale. Outre la présente publication, il existe de nombreux ouvrages écrits pour les personnes aux prises avec la dépression et leurs familles, que l'on peut se procurer dans les bibliothèques municipales.

Famille et conjoint devraient rechercher du soutien professionnel pour eux-mêmes et se joindre à un groupe d'entraide ou à un programme de soutien familial, soit dans un hôpital local, soit dans une clinique communautaire de santé mentale. Il importe que chacun ait des activités séparément de la famille et de la personne malade. Il est également important de reconnaître et d'accepter le fait que la situation peut parfois inspirer des sentiments négatifs ; ces sentiments sont normaux et ne devraient pas engendrer de culpabilité.

Comment favoriser le rétablissement

Une fois la personne stabilisée, l'entourage remarquera probablement que son état s'améliore lentement, mais de façon soutenue. À un moment donné, il se pourrait qu'elle souhaite cesser de prendre ses médicaments en raison des effets secondaires ou mettre fin à sa psychothérapie, car celle-ci prend trop de temps. Les encouragements prodigués à la personne par ses proches pour qu'elle poursuive le traitement pourraient être très importants. L'arrêt prématuré des médicaments ou la réduction de la posologie sans la supervision d'un médecin peuvent entraîner une rechute. Et une psychothérapie n'est efficace que si le client et le thérapeute s'entendent pour dire que le travail est terminé ou que si toutes les séances prévues initialement ont eu lieu.

Les membres de la famille, le conjoint et les amis occupent une place de choix dans le réseau de soutien d'une personne dépressive. Le simple fait d'être présent et de continuer à s'intéresser à la personne favorise grandement le processus de rétablissement. Une fois rétablies, les personnes disent souvent à quel point elles ont apprécié la présence et la tolérance des membres de leur famille et de leurs amis.

Durant la phase de transition vers le rétablissement, la personne reprendra graduellement ses anciennes responsabilités et elle pourrait avoir besoin d'aide pour décider de celles à reprendre en premier. Cependant, il faudra se garder de donner son opinion avant que la personne ne la demande, car cela pourrait lui donner l'impression qu'on cherche à la contrôler. Par ailleurs, il vaut mieux faire les choses *avec la personne*, plutôt que *pour elle* et l'encourager à être aussi active que possible. Il importe aussi de reconnaître que la personne est adulte et indépendante et qu'elle peut opter pour des activités ou des comportements que l'entourage n'approuve pas. Il faut absolument éviter de lui dire que c'est parce qu'elle est malade qu'elle prend de mauvaises décisions. De tels propos peuvent être très blessants et compliquer les relations avec elle.

Au fur et à mesure que la santé de la personne s'améliorera, il faudra la traiter de plus en plus comme une personne en bonne santé, en l'incluant dans les activités familiales, en la faisant participer aux discussions et en l'incitant à reprendre ses responsabilités domestiques. Il faudra éviter toutefois d'essayer de résoudre les problèmes à coups de discussions enflammées et d'exprimer de l'hostilité et de la colère. Cette façon de régler les conflits est courante dans certaines familles, mais les recherches montrent qu'elle s'accompagne d'un risque de rechute plus élevé pour les personnes qui se remettent d'une dépression. Les familles doivent être sensibles aux besoins de la personne en voie de rétablissement et comprendre qu'elle peut avoir de la difficulté à gérer les émotions très vives associées à un conflit ou à une dispute. Il est conseillé d'envisager d'autres façons de gérer les conflits familiaux : le counseling familial, par exemple.

Comment se préparer à l'éventualité d'une rechute ou d'une crise

Les personnes atteintes de dépression et les membres de leurs familles évitent souvent de parler de la possibilité d'une rechute, car il s'agit d'un sujet pénible, dont il est gênant de parler. Or, le meilleur moyen de faire face à l'éventualité d'une crise ou de l'éviter est de s'y préparer. Il importe de mettre l'accent sur le maintien de la santé mentale, mais une certaine planification en vue de parer à une éventuelle crise permet de créer un sentiment de sécurité pour la personne malade et sa famille.

Une fois la personne rétablie, il faudra discuter des mesures à prendre pour le cas où elle redeviendrait dépressive ou suicidaire. Serait-il possible, pour la famille ou le conjoint de l'accompagner chez le médecin pour parler de son état et de la possibilité d'une rechute ? La personne leur donnerait-elle la permission de communiquer avec son médecin ? Leur donnerait-elle son consentement pour la faire hospitaliser et, le cas échéant, quel hôpital préférerait-elle ? Si elle traversait une crise grave, autoriserait-elle son conjoint ou un autre membre de la famille à prendre des décisions à sa place ? Serait-il possible d'avoir un accord écrit garantissant que ses instructions seront suivies ?

Pour faire face à une crise éventuelle, il est utile d'avoir un plan d'urgence établi à l'avance ainsi qu'une bonne relation avec le médecin traitant et les autres prestataires de soins.

6 Comment expliquer la dépression aux enfants

Il peut être malaisé d'expliquer à des enfants ce qu'est la dépression ou toute autre maladie mentale. Pour protéger leurs enfants, le parent déprimé et le parent qui va bien (s'il est présent) peuvent choisir de ne rien dire et tenter de continuer leurs activités ordinaires comme si de rien n'était. Alors que cette attitude peut constituer une solution à court terme, elle risque, à long terme, de provoquer chez les enfants de la confusion ou de l'inquiétude à propos des changements de comportement qu'ils auront inévitablement observés.

Les enfants ont une bonne intuition et ils remarquent vite tout changement au sein de leur famille. Si l'atmosphère familiale semble indiquer qu'il ne faut pas en parler, ils tireront leurs propres conclusions, souvent erronées. Les jeunes enfants, en particulier ceux qui vont à l'école maternelle ou primaire, ont souvent une perception égocentrique du monde. Par conséquent, quand une situation désagréable se produit, ils présument qu'ils en sont responsables. Si, par exemple, un enfant désobéit à un de ses parents et s'attire des ennuis, et que le lendemain le parent est déprimé, l'enfant supposera que c'est à cause de lui.

Pour expliquer aux enfants ce qu'est la maladie mentale et la dépression, il faut leur fournir le plus d'informations possible, en fonction de ce qu'ils sont en mesure de comprendre. Avec les tout-petits et les enfants d'âge préscolaire, il convient d'employer des phrases simples et courtes et il est inutile de fournir des explications compliquées. Les enfants d'âge scolaire sont capables de comprendre plus de choses, mais ils risquent d'être dépassés par les détails concernant le traitement médicamenteux ou d'autres thérapies. Quant aux adolescents, ils sont généralement en mesure de comprendre pratiquement tout ce qu'on leur explique et ils éprouvent souvent le besoin de parler de leurs impressions et de leurs sentiments. Il se peut que, préoccupés par la stigmatisation attachée à la maladie mentale, ils se posent des questions sur l'opportunité de parler ouvertement de la situation. En les informant, on les invite à s'exprimer librement.

Il est bon de rassurer les enfants en leur expliquant trois choses :

1. **Le parent (ou un autre membre de la famille) se comporte ainsi parce qu'il est malade.** Il est important de dire aux enfants que cette personne est atteinte d'une maladie appelée dépression. La dépression rend les personnes tristes, et ce, parfois sans raison. Les personnes dépressives ont tendance à beaucoup pleurer, à dormir toute la journée, à avoir des troubles alimentaires et à se renfermer dans le mutisme. Il faut parfois beaucoup de temps pour surmonter la dépression. Il est donc inutile d'essayer de remonter le moral des personnes atteintes.

2. **Il faut rassurer les enfants et leur faire comprendre qu'ils ne sont pas responsables de la tristesse ou de la dépression du parent.** Les enfants ont besoin qu'on les rassure en leur disant qu'ils n'ont rien fait pour rendre leur parent dépressif. Souvent, les enfants supposent que leur mère ou père ne vas pas bien à cause de leurs actes, ce qui provoque chez eux un

sentiment de culpabilité. On doit expliquer que la dépression est une maladie, tout comme la varicelle ou un mauvais rhume.

3. **Il est essentiel de réconforter les enfants en leur disant que les adultes de la famille et d'autres personnes – médecins, par exemple – se chargent d'aider la personne dépressive.** C'est aux adultes qu'il incombe de lui venir en aide ; les enfants ne devraient pas avoir à s'en soucier. Ce dont ils ont besoin, c'est que le parent qui n'est pas atteint de dépression ou d'autres adultes de confiance les protègent des effets de la dépression. Il pourrait être utile que les enfants parlent de leurs sentiments avec quelqu'un qui comprend combien il est difficile de voir souffrir sa mère ou son père (ou un autre membre de sa famille). Nombreux sont les enfants qui sont effrayés par les changements qu'ils observent chez leur parent dépressif. Le temps qu'ils passaient ensemble leur manque. Il est bon que les enfants aient des activités à l'extérieur du foyer, car ces activités leur permettent de développer d'autres relations saines. Une fois que le parent dépressif commencera à se rétablir, il reprendra graduellement les activités familiales, ce qui aidera à restaurer sa relation avec ses enfants.

Les parents – celui qui est atteint de dépression et celui qui ne l'est pas – devraient parler aux enfants de la manière d'expliquer la maladie aux personnes de l'extérieur. Tout le monde a besoin du soutien de ses amis ; toutefois, la dépression peut être difficile à expliquer, et certaines familles craignent les préjugés liés à la maladie mentale. Il revient à chacun (parent ou enfant) de décider dans quelle mesure se confier.

Certains parents aux prises avec la dépression trouvent difficile de tolérer les activités turbulentes et le bruit qui caractérisent les jeux des enfants et leurs autres activités. Il pourrait être nécessaire de prendre des mesures pour éviter que les enfants ne suscitent de l'irritation chez le parent malade, provoquant chez lui une réaction disproportionnée. Il faudra peut-être aussi prévoir du temps pour permettre aux enfants de jouer à l'extérieur ou aménager un endroit calme de la maison où le parent malade peut se reposer une partie de la journée.

Une fois le parent rétabli, il devra expliquer son comportement aux enfants. Il pourrait prévoir des moments particuliers à leur consacrer pour rétablir ses relations avec eux et leur montrer qu'il est de nouveau disponible. Cela rassurera les enfants, qui verront que le parent s'intéresse de nouveau à eux.

Vous trouverez de plus amples renseignements sur la manière de parler de la dépression aux enfants dans *Ce que les enfants veulent savoir... lorsqu'un de leurs parents est déprimé*. Vous pouvez également vous procurer cette ressource sous forme de brochure auprès de CAMH (http://store.camh.ca). Une autre ressource utile est le livre pour enfants *Est-ce que je peux l'attraper comme le rhume ? Faire face à la dépression de sa mère ou de son père*, que l'on peut également se procurer auprès de CAMH.

Glossaire

Antidépresseurs : Médicaments employés pour réduire les symptômes de la dépression. Les antidépresseurs s'emploient aussi pour traiter d'autres troubles de santé mentale, dont le trouble panique et le trouble obsessif-compulsif.

Antipsychotiques : Médicaments créés pour atténuer les symptômes psychotiques. Les antipsychotiques s'emploient aussi pour traiter d'autres troubles de santé mentale, dont le trouble bipolaire, le trouble obsessionnel-compulsif, l'anxiété sévère et la dépression.

Anxiété : État affectif caractérisé par une inquiétude excessive, l'appréhension ou la crainte d'un danger imminent réel ou imaginaire, la vulnérabilité ou l'incertitude. Dans sa forme aiguë, l'anxiété peut se traduire par de la frayeur et de la détresse, ces émotions s'accompagnant de divers symptômes, notamment accélération du rythme cardiaque, transpiration, souffle court, nausées, étourdissements et crainte de perdre la maîtrise de soi.

Anxiolytiques : Médicaments contre l'anxiété. Les benzodiazépines sont des anxiolytiques.

Délire : Croyance fausse et bien ancrée, étrangère à la culture dominante, comme le fait de croire que ses pensées sont contrôlées par des forces extérieures. Il existe plusieurs formes de délire, dont le délire paranoïaque (caractérisé par un sentiment de persécution) et le délire de grandeur (caractérisé par une idée exagérée de sa propre importance).

Dépression atypique : Type de dépression majeure dans laquelle la personne présente une humeur réactive, ce qui signifie que les événements positifs ont un effet positif sur son humeur. Les sujets atteints de dépression atypique présentent au moins deux des aspects suivants : accroissement de l'appétit ; prise de poids ; hypersomnie (sommeil excessif) ; impression de paralysie et sentiment exacerbé de rejet.

Dépression postnatale (ou dépression du post-partum) : Épisode dépressif suivant un accouchement. La dépression postnatale est généralement due à des changements physiques et hormonaux.

Dépression psychotique : Épisode de dépression majeure s'accompagnant d'une perte de contact avec la réalité pouvant se traduire par des hallucinations ou du délire.

Dysthymie : Trouble de l'humeur dont la caractéristique principale est une humeur dépressive chronique présente la plupart de la journée et la plupart des jours, durant une période d'au moins deux ans.

Électroconvulsivothérapie (ECT) : Traitement destiné aux personnes aux prises avec une dépression grave, qui consiste à faire passer un courant électrique contrôlé entre deux disques métalliques appliqués à la surface du crâne.

Hallucination : Perception sensorielle sans fondement dans la réalité. Les hallucinations peuvent affecter la vue, l'ouïe, le goût, l'odorat ou le toucher.

Hypomanie : État caractérisé par de l'euphorie et de l'hyperactivité, mais moins extrême que la manie.

Magnétoconvulsivothérapie (MCT) : Traitement de la dépression sévère consistant à appliquer au cerveau des impulsions magnétiques pour provoquer une convulsion.

Manie : État caractérisé par une humeur anormalement euphorique, de l'irritabilité, de l'hyperactivité, de la volubilité, une accélération de la pensée, des idées de grandeur, un manque de perspicacité ou de jugement, une impulsivité excessive et une propension à engager de folles dépenses.

Neurotransmetteurs (ou neuromédiateurs) : Substances chimiques transmettant les signaux de neurone à neurone dans le cerveau. Parmi les neurotransmetteurs figurent la norépinéphrine (noradrénaline), la sérotonine et la dopamine.

Pharmacothérapie : Traitement des symptômes de troubles psychiques à l'aide de médicaments altérant l'équilibre chimique de systèmes cérébraux précis.

Prévention de la rechute : Gestion d'un trouble de l'humeur au moyen d'un traitement médicamenteux ou d'une psychothérapie, ou encore par d'autres stratégies de soutien destinées à aider la personne à maintenir sa santé mentale.

Psychoéducation : Intervention éducative destinée à aider les personnes aux prises avec la maladie mentale ou un problème de dépendance à mieux comprendre et gérer ces problèmes, soit par elles-mêmes, soit avec l'aide d'un membre de leur famille ou d'un(e) ami(e).

Psychorégulateurs (thymorégulateurs) : Médicaments prescrits pour traiter la manie, le trouble bipolaire et parfois, la dépression.

Psychothérapie : Terme générique servant à décrire une forme de traitement fondée sur le dialogue avec un thérapeute. La psychothérapie vise à soulager la détresse du client en lui permettant d'exprimer ses sentiments et en l'engageant, au moyen de la discussion, à modifier ses attitudes, son comportement et ses habitudes et à élaborer de meilleures façons de composer avec la dépression.

Psychothérapie interpersonnelle : Psychothérapie d'une durée limitée qui met l'accent sur les aspects interpersonnels liés à l'épisode dépressif.

Stimulation magnétique transcrânienne (SMT) : Traitement consistant à appliquer au cerveau une série de courtes impulsions magnétiques.

Thérapie cognitivo-comportementale (TCC) : Psychothérapie à durée limitée, mettant l'accent sur la façon dont les pensées affectent l'humeur et dont les modes de pensée contribuent à la dépression.

Trouble affectif saisonnier (TAS) : Type de dépression lié au degré d'ensoleillement et à la période de l'année. Le TAS se manifeste généralement en automne et en hiver.

Trouble bipolaire : Anciennement appelé maniaco-dépression, ce trouble est caractérisé par des fluctuations d'humeur extrêmes : un ou plusieurs épisodes de manie ou d'hypomanie et, généralement, un ou plusieurs épisodes de dépression majeure.

Trouble de la personnalité : Mode persistant de pensée, d'affect et de comportement qui dévie notablement des normes de la culture à laquelle la personne appartient. Omniprésente et rigide, cette façon d'être se manifeste à l'adolescence ou au début de l'âge adulte et cause de l'angoisse ou un dysfonctionnement.

Trouble dépressif majeur : Également appelé dépression unipolaire, ce trouble est caractérisé par un ou plusieurs épisodes dépressifs majeurs. Au nombre des symptômes, on peut citer l'humeur dépressive, la perte d'intérêt pour les activités auxquelles le sujet prenait plaisir, une altération importante du poids ou du sommeil, un manque d'énergie, une baisse des facultés mentales ou de la concentration, un sentiment d'inutilité ou de culpabilité excessive et des pensées récurrentes relatives à la mort ou au suicide.

Troubles de l'humeur : Troubles dont la principale caractéristique est une perturbation de l'humeur (généralement dépression ou manie). Les deux catégories principales de troubles de l'humeur sont le trouble dépressif majeur (ou dépression unipolaire) et le trouble bipolaire.

Ressources

SUGGESTIONS DE LECTURE
(en version française)

Burns D. *Être bien dans sa peau.* Saint-Lambert : Héritage, 2005

Centre de toxicomanie et de santé mentale. *Ce que les enfants veulent savoir... lorsqu'un de leurs parents est déprimé.* Toronto, 2002. Publié à www.camh.ca/fr/hospital/health_information/a_z_mental_health_and_addiction_information/depression/Pages/when_parent_depressed.aspx.

Centre de toxicomanie et de santé mentale. *Est-ce que je peux l'attraper comme le rhume ? Faire face à la dépression de sa mère ou de son père.* Toronto, 2011.

Greenberger D. et C. Padesky. *Dépression et anxiété : comprendre et surmonter par l'approche cognitive.* Mont-Royal : Décarie, 2005.

Williams M., J. Teasdale, Z. Segal et J. Kabat-Zinn. *La thérapie cognitive basée sur la pleine conscience pour la dépression : Une nouvelle approche pour prévenir la rechute.* Bruxelles : De Boeck, 2006.

RESSOURCES EN LIGNE

Société pour les troubles de l'humeur du Canada
www.troubleshumeur.ca

Association canadienne pour la santé mentale
www.cmha.ca/fr

Revivre – Association québécoise de soutien aux personnes souffrant de troubles anxieux, dépressifs ou bipolaires
www.revivre.org

www.info-depression.fr

En anglais

Canadian Network for Mood and Anxiety Treatments
www.canmat.org

Depression and Bipolar Support Alliance
www.dbsalliance.org

Family Association for Mental Health Everywhere
www.fameforfamilies.com

Optimism (application pour la tenue d'un journal de l'humeur)
www.findingoptimism.com

Autres titres de la série de guides d'information

La psychose chez les femmes

La schizophrénie

La thérapie cognitivo-comportementale

La thérapie de couple

La toxicomanie

Le double diagnostic

L'espoir et la guérison après un suicide

Le premier épisode psychotique

Le système ontarien de services psychiatriques médico-légaux

Le trouble bipolaire

Le trouble de la personnalité limite

Le trouble obsessionnel-compulsif

Les femmes, la violence et le traitement des traumatismes

Les troubles anxieux

Les troubles concomitants de toxicomanie et de santé mentale

Pour commander ces publications et d'autres ressources de CAMH,
veuillez vous adresser à Ventes et distribution :
Tél. : 1 800 661-1111
À Toronto : 416 595-6059
Courriel : publications@camh.ca
Cyberboutique : http://store.camh.ca